삶의 품격을 두 배로 높이는 **1日 몸가짐**

ZEN GA OSHIETEKURERU UTSUKUSHII HITO WO TSUKURU "SHOSA" NO KIHON
Copyright © 2012 by SHUNMYO MASUNO, GENTOSHA
All rights reserved.

Korean translation Copyright © 2013 by Book21 Publishing Group
Korean translation rights arranged with GENTOSHA INC.
through Japan UNI Agency, Inc., Tokyo and Korea Copyright Center, Inc., Seoul

이 책은 (주)한국저작권센터(KCC)를 통한 저작권자와의 독점 계약으로
한국어판권을 (주)북이십일이 소유합니다.
저작권법에 의해 한국 내에서 보호를 받는 저작물이므로
무단전재와 무단복제를 금합니다.

삶의 품격을 두배로 높이는

마스노 슌묘 지음
최수정 옮김

1日 몸가짐

21세기북스

들어가며

....

몸가짐을 정돈하면
삶이 빛난다

저는 선승禪僧입니다. 선禪에 대해 여러분은 어떤 인상을 가지고 있을지 모르지만, 선은 불필요한 것을 최대한 배제한, 단순함 속에 본질을 찌르는 예리함과 깊이·넓이를 가진 것이라고 생각합니다.

저는 '선의 정원'을 디자인·설계하는 일도 하고 있는데 선의 정신을 드러내는 것이 선의 정원이라고 생각하시면 됩니다. 아마 선의 정원(교토 료안지의 '돌 정원' 등이 유명하며, 일본 내에 많이 있습니다)을 보고 아름다움을 느끼지 못하는 사람은 없을 듯합니다. 선에 대해 잘 모르더라도 선의 정원을 마주하면 많은 사람들이 그 아름다움에 마음이 차분해지고 더러움이 사라지고 맑아진다는 느낌을 받는다고 합니다.

현대는 물건과 정보가 넘치고 변화가 심하고 소비의 속도도 빠릅니다. 그런 가운데 고유의 아름다움이 점점 사라지고 있는 것 같습니다.

하지만 사람들은 깊은 곳에서 우러나오는 아름다움, 과도하지 않지만 흔들리지 않는 강한 정신을 간직한 아름다움과 함께 쭉 살아왔습니다.

과연 그것은 어떤 아름다움일까요?

그것은, 선의 관점에서 말씀을 드리면 이해가 잘 될 것 같습니다. 선에는 사람이 아름답게 살아가기 위한 매우 많은 지혜가 담겨 있기 때문입니다.

'위의즉불법 작법시종지威儀卽佛法 作法是宗旨(모든 행동에 대해 예의에 맞는 몸동작을 하는 것이 곧 불법이다)'라는 선의 말씀이 있습니다. 즉 일상생활의 행동거지 자체를 정돈하는 것이 바로 선의 수행이라는 뜻입니다.

선에서는 '행주좌와行住坐臥' 모두가 수행입니다. 걷거나 서거나, 앉거나 자는 인간의 모든 행동거지가 수행입니다. 바꿔 말하면 선의 수행이란 우리의 '모든 행동거지를 정돈하는 것'입니다.

마음을 정돈하기 위해서는 먼저 자신의 몸가짐을 정돈하는 것이 선의 수행입니다. 행동거지가 정돈되면 자연스럽게 마음이 정돈되고, 마음이 온화해지면 말에 다정함과 배려가 배어 나옵니다.

반대로 행동거지가 혼란스러우면 마음도 혼란스러워지고 말도 거칠어집니다. 이것은 자연스러운 흐름으로, 행동거지가 거칠어지면 말투가 공격적으로 변하거나 이기적인 말을 하기 쉬워집니다. 그런 몸가짐으로 생활하다 보면 시간이 갈수록 세상에 적을 많이 만들게 되고, 그런 상황이 계속되면 어느 순간 스스로 사회로부터 고립될지도 모릅니다.

행동거지가 잘 정돈되면 마음과 몸가짐이 아름다워지

며, 그런 사람은 다른 이의 눈에 '아름다운 사람'으로 비칩니다. 그리고 무엇보다도 스스로 거리낌 없이 살 수 있어 마음도 강해집니다.

자, 이제 여러분의 행동거지를 정돈해 보세요. 행동거지가 정돈되면 마음과 몸의 아름다움은 자연히 따라와 인생이 빛나기 시작합니다.

차례

들어가며
몸가짐을 정돈하면 삶이 빛난다 · 4

| 제1장 | 서 있는 것만으로도 다른 사람

행동거지란 무엇일까? · 17
몸가짐이 인연을 만든다 · 20
간소할수록 아름답다 · 24
사람의 아름다움이란 무엇일까? · 27
초조해하지 않는다 · 30
편리함과 효율에 매달리지 않는다 · 33
아름답게 산다는 것 · 37
모든 행동에 의미가 있다 · 40

| 제2장 | 몸가짐을 다듬는 기본 자세와 호흡 |

'아줌마'라고 불리지 말자! • 47

자세를 정돈하면 일도 건강도 좋아진다 • 50

시선이 분위기를 결정한다 • 53

복식 호흡이 편안한 자세 • 57

호흡은 마음의 표현이다 • 59

먼저 다 내쉰다 • 61

호흡이 정돈된 사람이 이긴다 • 65

발끝에서 마음가짐이 드러난다 • 69

손가짐은 무언의 의사 표시다 • 72

| 제3장 | 자기 자신과 마주 본다

행동은 마음의 예절이다 • 77

마음을 정돈하기가 더 어렵다 • 79

'좋다'는 느낌을 지속한다 • 84

바른 말을 사용한다 • 87

매일 아침, 양손을 모은다 • 92

맨발로 생활한다 • 95

자연 속을 산책한다 • 98

쓰레기를 정해진 곳에 버린다 • 101

그날그날 정리한다 • 104

배부르게 먹지 않는다 • 107

그릇을 소중히 다룬다 • 111

먹는다는 행위의 고귀함 • 115

일찍 일어나 하루를 시작한다 • 119

5분이라도 청소한다 • 122

일어나자마자 TV를 켜지 않는다 • 125

걷는 즐거움을 만끽한다 • 128

일어나면 창문을 연다 • 131

하루에 한 번 큰 소리를 낸다 • 134

그날 일은 잠들기 세 시간 전에 끝낸다 • 137

좌선으로 차분하게 밤을 보낸다 • 140

같은 시간에 잠자리에 든다 • 143

자기 전에 걱정하지 않는다 • 146

옷이 마음을 표현한다 • 150

오래 입을 수 있는 옷을 고른다 • 152

청결하다는 것 • 155

자신에게 어울리는 옷 색깔 • 157

때와 장소와 상황에 맞게 • 160

꽃을 가까이한다 • 164

낡은 것을 소중히 여긴다 • 166

후회하지 않고 걱정하지 않는다 • 168

제4장 | 사람과 세상을 마주 본다

인간관계는 인사로 시작된다 · 173

글씨를 정성껏 쓴다 · 176

항상 존중하는 마음으로 대한다 · 179

손윗사람 앞에서 예의를 지킨다 · 182

직접 이야기한다 · 184

감사함을 느끼는 즉시 표현한다 · 188

편지로 마음을 전한다 · 190

마음이 드러나는 대접 · 193

그릇에 어울리는 요리 · 197

계절에 맞게 그릇을 쓴다 · 201

그냥 차? 그래도 차! · 204

다도에서 배우는 몸가짐 · 207

휴대전화에 의지하지 않는다 · 210

컴퓨터 정리법 · 213

싫은 사람을 대하는 몸가짐 · 216

지하철에서 지켜야 할 에티켓 · 218

고령자를 대하는 법 · 221

쓰레기를 무심코 버리지 않는다 · 224

담배는 보이지 않는 해로움 · 227

| 제5장 | 몸가짐이 삶을 바꾼다

보자기를 사용한다 • 233

수건을 사용한다 • 236

나무젓가락이 최고의 대접인 이유 • 239

달을 사랑한다 • 241

가족과의 시간을 소중히 여긴다 • 244

쇼핑의 비법 • 248

재활용은 다른 생명을 불어넣는 것 • 250

낭비를 없애고 잘 버리는 비법 • 253

문화를 느낀다 • 256

마치며

아름다움을 안다, 가진다, 활용한다 • 259

제1장

서 있는 것만으로도 다른 사람

행동거지란 무엇일까?

·········

 '행동거지'라고 하면 서거나 앉을 때의 동작, 몸의 움직임을 떠올리는 사람이 많을지 모릅니다. 물론 "저 사람은 행동거지가 아름답다"라는 말을 들으면 경쾌하거나 우아한 움직임이 연상될 것입니다.

 그러나 행동거지는 단순히 몸의 움직임뿐 아니라 더 많은 것을 표현합니다.

 평상시 캐주얼한 옷을 입을 때와 가장 멋진 드레스에 하이힐을 신고(남성이라면 양복에 넥타이를 매고) 파티 같은 격식 있는 자리에 참석할 때⋯⋯ 이런 대조적인 경우를 한번 떠올려 보세요.

이 두 장면에서의 행동거지는 다르지 않을까요? 캐주얼한 옷을 입었을 때는 행동거지가 스스럼없이 자유롭고, 격식 있게 차려입었을 때는 마음도 긴장해서 정중한 행동거지를 하게 될 것입니다.

이처럼 입는 옷에 따라 행동거지가 달라지는 것은 그때그때의 마음가짐과 정신적인 상태가 달라지기 때문입니다. 즉 행동거지는 마음을 비추는 것, 마음을 나타내는 것이라고 할 수 있습니다.

이 책에서는 행동거지에 대해 주로 '몸가짐'이라는 단어를 쓸 것입니다.

먼저 몸가짐과 마음은 깊은 관계가 있음을 알아야 합니다.

몸가짐이 아름다운 사람을 보고 '근사하다', '멋있다'라고 느끼는 것은 동시에 그 사람의 마음의 아름다움을 느끼는 것입니다. 우아한 몸가짐은 우아한 마음을 나타내고, 온화한 몸가짐에는 마음의 온화함이 드러나고 있는 것입니다.

또 특별히 눈에 띄는 것도 아니고 대단히 아름답지는 않지만, '멋있는데' 하고 마음이 끌리는 사람이 있지 않나요? 왜 그런지 한번 생각해 보세요.

아마 그런 사람은 몸가짐이 아름다운 사람일 것입니다. 실은 몸가짐이 아름다운 사람일수록 그 몸가짐은 자연스럽습니다. 일부러 꾸미지 않은 아름다운 몸가짐을 하니까 '왠지 모르게 마음이 끌리는 것'입니다.

저는 지금까지 수많은 고승高僧을 만나 봤습니다만, 덕이 높은 분일수록 그만한 아름다움이 있었습니다.

'몸가짐은 그냥 형식이잖아!'라는 생각을 가지고 있다면 지금 당장 버리세요.

몸가짐을 정돈하는 것은 마음을 정돈하는 것, 몸가짐을 닦는다는 것은 마음을 닦는 것입니다. 그리고 꼭 알아야 할 것은, 마음을 닦거나 정돈하는 것보다는 몸가짐을 정돈하거나 닦는 것이 더 쉬운 일이라는 점입니다. 이것이 가장 중요한 부분입니다.

몸가짐이 인연을 만든다

·········

불교에서는 모든 일에는 '원인'이 있고, 거기에 '인연'이라는 조건이 더해져 '결과'가 만들어진다고 말합니다.

예를 들어 여기에 오이씨가 있습니다. 이 씨를 창고에 넣어두면 아무리 기다려도 싹이 나지 않습니다.

땅을 갈고 밭에 거름을 뿌린 후에 씨를 뿌립니다. 그 후에도 매일 물을 주고, 잡초를 뽑고, 잘 자라도록 정성을 다합니다. 그러한 조건이 있어야 비로소 오이를 수확할 수 있습니다.

오이씨는 원인이고 발아와 성장을 위해 없어서는 안 되는 조건과의 관계가 인연입니다. 원인과 인연이 확실히 갖추어져야만 근사한 결과가 나타납니다. 세상의 모든 일이 이런 식으로 존재한다고 보는 것이 불교 사상입니다.

인간도 마찬가지입니다. 인생은 인연으로 맺어져 있습니다. 인연에 따라 행복한 인생을 향해 걸어갈 수도 있고, 불행을 떠안을 수도 있습니다. 어떤 인연을 맺느냐에 따라 인생은 달라집니다.

'이것은 내 운명이니까 어쩔 수 없어.'

'짊어진 숙명은 바꿀 수 없어.'

이렇게 생각하는 사람이 있을지 모르지만 그렇지 않습니다. 인생은 언제든지 좋은 인연을 맺는 것을 통해 행복한 방향으로 바꿀 수 있습니다. 우리 인생은 인간의 힘이 닿지 않는 것에 의해 지배받고 있지 않습니다.

그래서 불교에서는 인연을 맺는 것, 즉 '연기緣起'를 무엇보다도 소중하게 여깁니다. 그것으로 인해 인생이 달라진다고 생각하니까요.

그러면 좋은 인연을 맺으려면 어떻게 해야 할까요? 이것은 매우 중요한 부분입니다.

불교에서는 '삼업三業'을 정돈하라고 합니다. 삼업이란 '신업身業, 구업口業, 의업意業'을 뜻합니다. 즉 몸과 입(말)과 마음을 정돈하여 생활하면 좋은 인연을 맺는 조건이 모인다는 것입니다.

첫째, '몸을 정돈한다'는 것은 몸가짐을 올바르게 한다는 뜻입니다. 자세와 행동 하나하나를 바르게 하는 것만이 아니라 올바른 법(가르침)에 따라 되도록 남을 위해 자기 몸을 아낌없이 쓰는 것, 이것이 몸을 정돈한다는 뜻입니다.

인간은 자칫하면 자기중심적으로 행동하기 쉽지만, 우선 상대의 입장에서 잘 생각하며 행동하려는 노력이 중요합니다.

둘째, '입을 정돈한다'는 것은 사랑이 담긴 친절한 말을 쓴다는 뜻입니다. 같은 것을 전달하더라도 상대방의 나이, 입장, 인격, 역량에 따라 전달 방법이 달라지는 것은 당연합니다. 그 사람에게 어울리는 전달 방법을 택해야 한다는 것입니다.

'그에게는 어떤 말로 전해야 할까?'

언제나 이 점을 고려하는 것이 입을 정돈하는 일입니다.

마지막으로 '마음을 정돈한다'는 것은 편견과 선입견을 배제하고, 하나의 사상事象에 얽매이는 일 없이 언제나 유연한 마음을 유지한다는 뜻입니다. 선에서는 이것을 '유연심柔軟心'이라고 하는데, 예를 들면 하늘에 떠 있는 구름처럼 형태도, 흐르는 방법도 완전히 자유로운 마음이라고 할 수 있습니다.

이렇게 몸, 입, 마음을 정돈하는 일은 좋은 인연을 가져와 관계를 맺어 가는 것으로 직결됩니다. 앞서 말한 오이를 예로 들자면, 밭을 갈고 거름을 뿌리고 물을 주는 평소의 정성이 인간에게는 삼업을 정돈하는 것에 해당됩니다.

언제나 삼업을 정돈하는 의식을 가지고 생활해야 합니다. 그런 일상이 쌓여야 우리의 인생이 알찬 결실을 맺고 사람들로부터 축복받는 인생으로 바뀌어 갈 수 있습니다.

몸가짐은 보다 좋은 인생을 이루기 위한, 그리고 아름답게 살아가기 위한 세 기둥 중 하나입니다. 그것을 명심하세요.

간소할수록 아름답다

·········

아름다운 몸가짐의 출발점은 어디에 있다고 생각하세요? 아름답게 보이기 위한 기술을 연마하는 것일까요? 아니면 일거수일투족을 '예쁘게, 아름답게……'를 의식하며 행동하는 것일까요?

그렇지 않습니다. 테크닉은 벼락치기로 익힌들 금방 탄로 나고, 의식적인 움직임은 어딘가 어색하게 마련입니다.

아름다움은 '간소함'에 있는 것입니다.

저는 선과 깊은 관계가 있는 가레산스이枯山水(일본 고유의 정원 양식. 물을 쓰지 않고 지형이나 모래, 자갈로 산수를 상징적으로 표현하여 자연과의 합일을 얻는 기법 - 옮긴이) 정원을

설계하고 있는데, 디자인할 때 염두에 두는 기본 철학은 '어떻게 하면 불필요한 것을 배제할까?'라는 것입니다.

돌과 하얀 모래만으로 구성되는 가레산스이는 소재 자체가 이미 간소하다고 할 수 있지만, 당초에 생각했던 대로 돌을 놓고 하얀 모래를 뿌리는 것만으로 표현하고 싶은 세계가 펼쳐지는 것은 아닙니다.

거기서 깎아 없애고 더 깎아 없애 갑니다. 그 작업을 위해 전심전력을 쏟아붓지 않으면 가레산스이는 완성되지 않습니다. 더 이상 깎아낼 것이 없는 단계까지 가야 처음으로 정원에 생명이 불어넣어집니다.

가레산스이가 보는 사람의 마음을 감동시키는 것은, 깎아 없애는 것으로 공간이 맑게 닦이고 언뜻 한적해 보이는 모습 안에 무한한 넓음과 깊이와 긴장감이 생기기 때문입니다. 이것이야말로 '간소한 미'라고 할 수 있습니다.

간소함은 아름다움의 출발점이자 종착점입니다. 간소해지면 간소해질수록 아름답습니다. 저는 그것을 실감한 적이 있습니다.

몸가짐도 가레산스이의 경우와 비슷합니다. 일부러 아름답게 보여 주려고 하는 몸가짐은 아무리 그 의도를 숨기려 해도 반드시 어디선가 드러나게 됩니다.

하지만 작위에서 벗어나 쓸데없는 움직임을 없애 가면 행동 하나하나의 움직임이 정중해집니다. 정중한 움직임에는 마음이 깃들며, 하나하나를 정중하게 행동하면 몸과 마음이 하나가 된 아름다운 몸가짐을 할 수 있게 됩니다.

실제로 선의 노승老僧 중에 그냥 서 있는 모습에서 늠름한 아름다움이 전해져 오는 분이 있습니다. 차를 마시고 식사를 하는 일상적인 행동이 흐르듯이 아름답습니다. 가레산스이와 같은 간소한 아름다움이 거기에 있는 것입니다.

사람의 아름다움이란 무엇일까?

....

'아름다운 사람이구나.'

누군가에게 그런 느낌을 받은 적이 있지요? 그 아름다움은 도대체 어디서 오는 것일까요? 빈틈없이 화장을 하고 화려하게 차려입어서일까요? '아니야, 그건 아닌데'라는 생각이 들지 않습니까?

외모는 아무래도 괜찮다는 말이 아닙니다. 하지만 최첨단 패션으로 차려입고 비싼 보석을 몸에 지니면 그것만으로 아름다울까요? 아마 수긍하는 사람은 없을 것입니다. 아무리 외모가 놀랄 만큼 눈길을 끌더라도 몸가짐이 단정하지 못하거나 말투가 거칠면 아름다움은 순식간에 사라집니다. 그런 아름다움은 아무리 봐도 겉으로만 꾸민 것 같은 인상을 지울 수 없습니다.

내면에서 배어 나오는 아름다움이 진짜입니다. 이것은 패션이나 메이크업과 같이 '빌려 쓴 것'만으로는 완성되지 않습니다. 인생과 삶의 방식을 반영하는 것이고 인간성을 드러내는 것이기 때문입니다.

활기차게 사는 것에 힌트가 있습니다. 이를 위해 꼭 필요한 것이 앞에서 이야기한 삼업을 정돈하는 일입니다. 즉 내면의 아름다움을 얻는 열쇠는 몸가짐입니다. 우선 몸가짐의 기초가 되는 '자세'를 바로잡아야 합니다. 그리고 '호흡'을 확실히 해야 합니다.

등 근육이 굽어 자세가 앞으로 구부러져 있으면 가슴이 압박을 받아 호흡이 얕아집니다. 긴장할 때의 모습이 바로 이러한데, 이렇게 되면 마음이 초조해져서 행동이 침착하지 못하게 됩니다. 이러한 상태가 일상적으로 계속된다면 어떨까요? 적극적인 마음을 가질 수 있을까요? 활기차게 살 수 있을까요?

그렇습니다. 자세와 호흡은 삶과 밀접하게 연관되어 있습니다.

하지만 보통 이를 등한시하는 사람이 적지 않습니다.

자, 여기서부터 시작해 보세요. 그리고 내면에서 우러나오는 아름다움, 진정한 아름다움을 향해 확실한 한 걸음을 내디뎌 주세요.

초조해하지 않는다

⋯⋯⋯

 선에는 '조신調身, 조식調息, 조심調心'이라는 말이 있습니다. 선 수행의 근본인 좌선의 세 요소로서 '자세를 정돈한다', '호흡을 정돈한다', '마음을 정돈한다'는 뜻입니다. 이 세 가지가 모이면 마음이 편한 경지에 도달할 수 있다는 의미로, 그만큼 자세와 호흡과 마음은 깊은 관련이 있습니다.

 즉 자세(몸가짐으로 이루어지는 것)가 정돈되면 호흡이 정돈되고, 호흡이 정돈되면 마음이 정돈됩니다. 이것들은 그러한 관계 속에 있습니다. 말 그대로 삼위일체로, 서로 결합되어 있습니다. 거꾸로 말하면 몸가짐이 정돈되지 않으면 호흡도 정돈되지 않고, 호흡이 정돈되지 않으면 마음도 정돈되지 않는다는 것입니다. 이 좌선의 세 요소는 말 그대로 아름다운 사람이 될 필요조건이라고 저는 생각합니다.

여러분 주변에 있는 아름다운 사람을 생각해 보세요. 그리고 그 사람의 몸가짐, 호흡, 마음을 떠올려 보세요. 뭔가 깨닫는 것이 있나요?

'그렇구나. 항상 등 근육이 쫙 펴져 있고, 인사를 한 번 해도 대단히 느낌이 좋아. 품행이 부드럽다는 말이 이런 것이구나.'

그런 사람은 아마 책상에 한쪽 팔을 올리고 이마를 괴고 있거나 의자에서 다리를 아무렇게나 뻗는 행동은 하지 않을 것입니다. 몸가짐이 정돈되어 있는 것이지요.

'고객 앞에서 프레젠테이션을 할 때도 전혀 긴장하지 않고 침착하고 당당하게 자기주장을 펼쳤어.'

왜 그는 곤란한 상황에서도 그런 모습을 유지할 수 있을까요? 그것은 어떤 상황에서도 호흡이 잘 정돈되어 있기 때문입니다.

혹은 대화 중에 소리를 지르는 일도 없고, 트러블이 생겨도 항상 냉정하게 대응하는 사람도 있지요. 그의 마음이 헛된 것에 흔들리지 않고 온화하게 정돈되어 있다는 증거입니다.

아름다운 사람에게 관심을 가지고 주의 깊게 관찰하면 몸가짐, 호흡, 마음이 삼위일체를 이루고 있다는 것을 발견할 수 있습니다. 몸가짐은 아름답지만 호흡이 흐트러져 있고 초조해하면서 화를 잘 내는 일은 없습니다.

좌선이 조신, 조식, 조심이 합쳐져 완성되는 것처럼 아름다움도 몸가짐과 호흡과 마음이 일체가 되어 정돈됨으로써 만들어집니다. 이것을 알게 되면 무엇을 해야 하는지 저절로 보이지 않을까요?

편리함과 효율에
매달리지 않는다

⋰⋯⋱

 편리한 것이 있으면 바로 마음이 끌립니다. 효율을 올리는 데만 기를 씁니다. 이것이 이 시대의 풍조인 것 같습니다. 매사에 한결같은 마음으로 임하기보다는 편리한 것을 손에 넣어 형식만 갖춘다든지 지식과 정보를 끌어 모아 어떻게든 효율적으로 일하려는…… 그런 생활방식이 눈에 띕니다.

 아름다움도 예외가 아닙니다. 예뻐지는 편리한 상품이 있다고 하면 흥미진진해하고, 아름다워지기 위한 지식이나 정보에도 민감하게 반응하지 않나요? 그런데 그렇게 해서 아름다움을 얻을 수 있을까요?

표면적인 아름다움은 실현될지 모르지만 아름다움의 본질과 진수를 접하지 않으면 그것을 자신의 것으로 만들 수 없다고 저는 생각합니다.

장인匠人의 세계에는 이런 것이 있습니다.

스승은 자신이 갖고 있는 기술을 제자에게 '말'로 전하지 않습니다. 기술의 본질은 말로 전해질 수 없다는 의미지요. 더구나 기술을 습득할 편리한 도구도 없고, 지식과 정보를 아무리 잔뜩 집어넣는다 해도 기술을 체득할 수는 없습니다.

어쨌든 자기 몸을 쓰면서 계속 배우는 수밖에 없습니다. 스승의 움직임을 낱낱이 상세하게 다 보고 나름대로 흉내를 내 봅니다. 물론 똑같이 한다고 해도 완성도에서는 절대적으로 차이가 나겠지만 수행 시절은 그런 시간의 반복입니다.

그러다 어느 날, 어느 순간 '아, 이거다!'라고 느끼게 됩니다. 이른바 깨달음이라는 것인데, 스승과 똑같은 움직임을 지금의 내가 하고 있다는 것을 몸으로 알아채는 것입니다. 이것이 기술을 터득하는 것이고 본질에 닿는 것입니다. 장인의 기술 전승이란 바로 이렇게 이루어집니다.

선 수행에도 비슷한 것이 있습니다. 임제종臨濟宗의 수행에서는 '공안公案'을 중요시합니다. 공안이란 일반적으로 말하는 선문답이지요. 스승이 질문을 던지고 제자가 답하는 것인데 그것이 그렇게 쉬운 일이 아닙니다.

물론 정답은 스승의 마음속에만 있으며 정답지 같은 편리하고 효율적인 것이 없으므로 몇 번이고 답을 던지는 수밖에 없습니다. '이거겠지!' 하고 생각난 것을 대답해도 '아니다!'라며 매정하게 퇴짜를 맞게 되지요.

기진맥진할 때까지 제자는 궁지에 몰립니다. 그쯤 되어야 겨우 스승으로부터 '음, 그 정도겠지'라는 말을 들을 수 있습니다. 공안에 몰두하는 것을 통해 뭔가를 얻은 제자의 모습을 인정한다는 말입니다.

이와 같은 이치를 넘어선 세계, 생각만 해서는 어쩔 도리가 없는 세계로부터 사람들은 점점 멀어져 가고 있습니다. 이런 현상을 상징하는 것이 '이론만 앞세우는 사람들'의 편리 지상주의, 효율 일변도의 사고가 아닌가 싶습니다.

그러나 '진정한 아름다움'은 실은 그쪽의 '먼' 세계에 있습니다.

이치도 효능도 제쳐두고 일단 정성스러운 마음으로 바른 몸가짐을 반복합니다. 그 앞에 반드시 아름다운 자신의 모습을 찾은 여러분이 있을 것입니다.

아름답게 산다는 것

·········

아름답게 산다는 것은 어떤 것일까요? 아마 그것은 '바른 길을 걷는 것'과 공통점이 있을 것입니다. 여기에서 아름다움과 선의 연관성을 찾을 수 있습니다.

선은 가마쿠라 시대鎌倉時代(1185년경~1333년, 무사 계급의 등장으로 일본 역사에서 봉건주의의 기초가 확립된 시기-옮긴이)에 일본으로 전파되었습니다. 선을 지지한 사람들은 그때까지 지배층이었던 귀족이 아니라 같은 시대에 등장한 무사 계층이었습니다.

당시 무사들은 패권을 다투며 격렬하게 싸웠는데 자신이 출세하기 위해 부모형제도 배반하고 목숨을 뺏고 빼앗

기기도 했습니다. 이러한 예는 미나모토 요리토모·요시쓰네源賴朝·義經 형제의 불화에서도 볼 수 있고, 골육 분쟁이 당연하다는 듯이 만연해 있었습니다.

피를 나눈 가족이라도 믿을 수 없고 내가 가야 할 바른 길이 무엇인지 판단하기 어려운 때…… 무사들은 고민을 안고 선승禪僧을 찾아가게 되었습니다. 좌선을 하고 문답을 주고받는 가운데 무사들은 마음의 평온을 얻는 동시에 자신이 가야 할 길을 찾았다고 합니다. 선이 아름답게 살 수 있는 방향을 알려주었다고 말할 수 있는 것이지요.

선승의 가르침이나 말씀도 그렇겠지만, 그 이상으로 무사들에게 영향을 준 것은 선승의 모습이 아니었을까 생각합니다. 마음이 천 갈래 만 갈래로 흔들리는 자신 앞에 있는 선승의 태연자약하고 대범한 몸가짐, 늠름한 분위기의 자세…….

몸, 입, 마음의 삼업이 훌륭하게 정돈된 모습은 강인한 아름다움을 발했던 것이 틀림없습니다. 물론 그것은 엄격한 선 수행이 만들어낸 아름다움으로, 대장부를 내세우는 무사들도 '이 분의 말씀이라면 믿겠다'는 전폭적인 신뢰를 가졌던 것 같습니다.

선은 그 가르침으로 무사들을 바른 길, 즉 아름다운 삶으로 인도했는데, 그 배경에는 선승의 아름다운 모습이 있었고 거기에서 나오는 큰 포용력과 온화함이 있었던 것이 아닐까 생각합니다.

모든 행동에 의미가 있다

·········

'위의즉불법 작법시종지威儀卽佛法 作法是宗旨'라는 선어禪語에 대해서는 앞에서 간단히 설명했습니다. 위의, 즉 몸가짐을 바르게 정돈하는 것이 그대로 부처佛의 법(가르침)에 맞는 것이고, 작법(범절, 예절)에 따른 생활이 바로 그 가르침이라는 것이 이 선어의 뜻입니다.

이것은 '외면과 내면', '형식과 마음'의 관계를 잘 표현하고 있습니다.

"형식과 마음, 어느 쪽이 소중하냐?"고 물어보면 여러분은 대부분 "역시 마음이 더 소중한 것 아니냐"고 할 것입니다.

누구나 자세를 아름답게 유지하고 싶지만, 그것보다 더 가치 있는 것이 마음의 아름다움이라고 생각하는 경향이 있으니까요. 실제로 "외모는 괜찮지만 마음은 별로"라고 평가받기보다는 "외모와 상관없이 마음이 훌륭하다"는 평가를 받는 것이 더 인정받는다는 기분이 들지 않나요?

그러나 선어에서는 그렇지 않다고 가르칩니다. 위의와 작법은 '형식', 불법과 종지는 '마음'입니다. 그것이 같다는 것은 형식을 정돈하면 마음도 정돈되고, 몸가짐을 아름답게 하면 마음도 아름다워진다는 뜻입니다.

선은 물론 마음의 수행이지만 많은 경우에 몸가짐을 소중히 하라고 하는 이유는 그 가르침이 일관되기 때문입니다. 몸가짐을 소홀히 하면 마음 수행이 될 리가 없다는 것이 선의 가르침입니다.

또 하나, 선에서는 '행주좌와行住坐臥' 모두가 수행이라고 합니다. '행'은 걸음, '주'는 머무름, '좌'는 앉음, '와'는 눕는 것으로 불교에서는 이것을 사위의四威儀라고 하는데, 일상의 행동거지, 뭘 하고 있든 그 몸가짐 모두를 수행으로 생각합니다.

그러니까 몸가짐 하나하나에 마음을 담아 정중하게 해야 한다고 합니다.

물론 선승의 수행 생활과 여러분의 일상생활은 다릅니다. 그러나 몸가짐이 중요하다는 시각으로 각자의 생활을 되돌아보는 것은 큰 의미가 있는 일이라고 생각합니다.

- 매일 하는 식사의 방법에 대해 관심을 가진 적이 있나요? 테이블 매너는 알고 있어 레스토랑에서의 식사는 실수 없이 할 수 있어도 일상적인 식사는 타성적으로 아무 생각 없이 하는 사람들이 대부분 아닐까요?
- 아침에 일어나 출근할 때까지의 시간을 어떻게 보내세요? 커피나 차를 한잔 마시는 둥 마는 둥 하고 집을 뛰쳐나가는 사람이 적지 않겠지요?
- 밤에 잠들기 전, TV나 DVD를 보면서 어느새 꾸벅꾸벅 졸고 있었던 적은 없나요?

이 모든 것이 '몸가짐의 소중함'을 잊어버린 경우입니다. 바꿔 말하면 '모처럼 마음을 아름답게 할 수 있는 좋은 기회'를 눈 뜨고 포기하는 것이라고 할 수 있습니다. 아깝다는 생각이 들지 않으세요?

몸가짐의 소중함을 생각하며 선이 가르치는 바른 몸가짐을 알았으면 합니다. 그리고 하나하나 천천히 실천하세요. 여러분은 아름답게 변해 갑니다.

제2장

몸가짐을 다듬는 기본 자세와 호흡

'아줌마'라고 불리지 말자!

 자, 드디어 실천입니다. 첫 단계로 여러분이 평소 어떤 자세로 있는지 체크해 봅시다. 복장이나 머리 모양이 아니라 '자세'라는 관점에서 자신의 전신을 비춰 보는 일은 의외로 많지 않을 것입니다. '아, 이랬구나!' 하고 생각했던 것보다 '문제 있음'을 발견하지 않았나요?

 자세는 외모의 인상을 크게 좌우합니다. 같은 나이여도 자세가 좋은가 나쁜가에 따라 큰 차이가 납니다. 아이들은 어른들을 보고 '언니'라고 부르기도 하고 '아줌마'라고 부르기도 하는데, 어느 쪽을 택하느냐의 판단 기준은 얼굴도 표정도 목소리도 아닌, 자세라고 합니다.

등 근육을 쫙 펴고 걸으세요. 지금 바로 할 수 있는 일입니다. 씩씩하게 걷고 있는 사람은 누구의 눈에도 경쾌하고 아름답게 보이는데 등 근육을 쫙 펴지 않으면 그렇게 걷지 못합니다.

자세에 가장 신경을 쓰는 사람들은 모델과 연예인으로, 이들은 예외 없이 등 근육이 곧은 아름다운 자세를 하고 있습니다. 아름답게 보이기 위해서 자세가 얼마나 중요한지를 알고 있기 때문이지요.

등 근육을 펴고 자세를 똑바로 하는 것은 겉모습만 아름다워지는 것이 아니라 건강과 미용 면으로도 좋은 영향을 줍니다.

구부러진 등 근육을 펴면 가슴이 쫙 펴지게 됩니다. 가슴이 압박되면 얕은 호흡밖에 할 수 없지만 가슴을 쫙 폄으로써 깊은 복식 호흡이 가능해집니다.

왜 복식 호흡이 좋은가 하면, 깊은 호흡을 하면 공기를 충분히 들이마시므로 피의 흐름이 좋아집니다. 피와 함께 산소와 영양소가 몸 구석구석까지 옮겨져 세포가 활성화

됨으로써 건강해지고 젊어지기도 하는 것이지요. 혈류가 좋아지면 피부색도 좋아지고 윤기와 탄력이 좋아지는 것은 말할 필요도 없습니다.

자세를 정돈하면
일도 건강도 좋아진다

 자세를 바르게 정돈하기 위해서 의식해야 하는 신체부위가 있는데, '머리'와 '꼬리뼈'의 위치입니다. 정수리부터 꼬리뼈까지 일직선이 되는 이미지를 떠올려 주세요.

 머리와 꼬리뼈가 바르게 그 위치에 있으면 등 근육이 펴지고 자연스럽게 턱이 당겨져 등 근육이 S자 커브를 그리게 되는데, 이것이 바른 자세입니다. 목이 머리를 잘 지지하고 상반신의 무게가 양 다리로 균형 있게 걸쳐져 가장 몸에 부담이 되지 않는 형태가 되어 보기에도 경쾌하고 늠름한 느낌이 들면서 가슴이 펴지므로 호흡을 하기 쉬워집니다. 자세가 정돈되면 호흡도 정돈되는 것이지요. 호흡의 소중함은 앞에서 언급한 대로입니다.

한편, 자세가 무너지면 무거운 머리를 목이 지지하지 못하게 되어 머리가 앞으로 숙여지고 떨어져 있는 상태가 됩니다(성인의 머리는 약 5kg이라고 합니다). 어깨는 뒤로 처지고 앞으로 구부정해지면서 가슴이 압박되어 내장으로도 부담이 갑니다. 그렇게 되면 호흡이 어려워지고 내장 기능에 지장을 가져올 수도 있습니다.

요즘은 장시간 컴퓨터를 사용하는 경우가 많아져서 자세가 망가진 사람을 많이 볼 수 있습니다. 그것이 목이나 어깨결림으로 이어지고 스트레스와 초조함의 원인이 되기도 합니다. 그렇기 때문에 바른 자세를 알고 언제든지 정돈할 수 있도록 하는 것이 중요합니다.

앞에서도 말했듯이 자세(와 호흡)는 건강의 원천입니다.

우리 절에서 개최하는 좌선坐禪 모임에 20년 정도 다니고 있는 여성이 있습니다. 좌선을 처음 시작했을 때는 심한 새우등이었고 그 때문에 병치레도 잦았습니다. 새우등을 교정하는 기구를 사용할 정도였는데 좌선을 하면서부터 증상이 점점 개선되고 놀랄 만큼 자세가 변했습니다. 물론 교정 기구를 쓸 필요가 없어지고 병에도 잘 걸리지 않게 되었다고 합니다. 지금은 일흔 살이 넘었지만 "주변 사람들이 '자세가 좋아졌네요'라고 하면 기뻐요……"라고 말합니다. 새우등이 고쳐져서 젊게 보인다는 뜻도 있겠지요.

자세가 정돈되면 마음에 패기가 생기고 어떤 일에도 적극적이고 긍정적으로 임할 수 있게 됩니다. 목과 어깨에 걸리는 부담이 가벼워지고 스트레스와 초조함에서 해방되면서 그것이 얼굴 표정에도 드러납니다.

'아, 어깨가 뭉쳐서 오늘도 찜질을 해야 해…….'

이런 상태면 표정도 어두워집니다. 그런 게 없어지면 자연스럽게 웃는 얼굴이 되고 표정도 밝아지겠지요?

물론 주변 사람들도 '아, 이 사람이 의욕이 있구나'라고 받아들여 비즈니스 면에서도 플러스 효과가 큽니다. 무엇보다도 인생을 활기차게 살기 위해서는 아름다운 자세가 필수 요소입니다.

시선이 분위기를 결정한다

⋰⋯⋱

 서 있을 때나 앉아 있을 때도 바른 자세의 기본은 같습니다. 정수리부터 꼬리뼈까지 일직선. 이것이 잘 되어 있으면 서 있을 때 무릎이 구부러지지 않고, 앉아 있을 때도 앞으로 구부정해지는 일이 없습니다. 즉 아름답게 서 있는 모습, 아름답게 앉아 있는 모습이 되는 것입니다.

 톱 여배우를 보면서 '역시……'라고 느끼는 경우가 있습니다. 대담 프로그램 등에 출연해서 등받이에 전혀 등을 붙이지 않고 앉아 있는 모습을 볼 때도 그렇습니다.

 시간이 많이 지나도 '일직선'을 지키며 앉아 있을 수 있는 것은 자세에 대한 의식이 강해서 그것이 습관이 되어 있기 때문입니다.

아름다운 자세를 유지하는 또 하나의 포인트는 시선입니다. 선에서는, 서 있을 때는 6자(약 182cm) 앞에, 앉아 있을 때는 3자(약 91cm) 앞에 시선을 두라고 가르칩니다.

그 위치에 시선을 두면 이른바 '반안半眼'(반은 뜨고 반은 감은) 상태가 됩니다. 눈을 뜨고 있으면 꼼짝없이 많은 정보가 들어오는데, 시각 정보가 너무 많으면 그것의 영향을 받아 마음도 초조해집니다. 반안은 정보를 줄일 수 있어서 마음이 편해집니다.

반안은 부처님의 눈 표정과 같습니다. 불상 앞에 서면 온화하게 포용되는 느낌이 들거나 치유되는 느낌이 드는 경험은 누구에게나 있을 것입니다. 반안에는 그런 효과도 있는 것이지요.

지하철이나 버스를 기다릴 때, 길거리에서 누군가를 기다릴 때 여러분은 어떤 모습으로 서 있나요? 바쁘게 두리번두리번 시선을 움직이거나 등을 굽힌 채 서 있었던 적은 없나요? 그 모습이 주변 사람들에게 어떻게 보일지 상상해 보세요.

그럴 때야말로 자세를 똑바로 정돈해서 서도록 하세요. 그것만으로도 여성이라면 단정한 품격을, 남성이라면 확실한 위엄을 느끼게 할 수 있습니다.

다음은 '정좌正座'에 대해서 설명하겠습니다. 가정에서 좌식 문화가 줄어들고 있는 요즘, 정좌하는 기회도 줄어들고 있습니다. 그러나 정좌는 훌륭한 문화입니다. 정좌할 때의 몸가짐을 알아 두세요.

자세는 앞에서 말한 것과 똑같이 정수리부터 꼬리뼈까지 일직선입니다. 기모노를 입었을 경우 여성은 양 무릎을 주먹 하나 정도 벌리고, 남성은 주먹 두 개 정도 벌리고 앉습니다. 단, 여성이 짧은 스커트를 입었을 경우에는 양 무릎을 가지런히 모읍니다.

발은 잘 쓰는 쪽의 발을 위로 얹어 포개 앉습니다. 그러면 편하고 '오래' 앉아 있을 수 있습니다. 발이 저려 오면 아래위의 발을 바꾸는 사람이 있는데, 그렇게 하면 역효과를 낳아 발저림이 더 심해질 뿐입니다.

발이 심하게 저리면 엉덩이를 조금 들어 올려 발가락을 뒤로 젖히면 혈류가 좋아져 저림이 쉽게 풀립니다. 손으로 발가락을 꽉 잡는 것도 같은 효과를 냅니다.

복식 호흡이 편안한 자세

⋰⋯⋱

자세가 정돈되어 있는지는 호흡으로 알 수 있습니다.

지금까지 몇 번이나 말씀드렸듯이 자세와 호흡은 한 몸입니다. 바른 호흡, 즉 복식 호흡을 할 수 있는 자세라면 정돈된 좋은 자세라고 할 수 있습니다. 시험 삼아 몸을 굽혀 배로 호흡해 주세요. 어떤가요? 아시다시피 이것은 절대로 불가능합니다.

좌선에서는 바르게 호흡을 하기 위해서 먼저 자세를 정돈합니다. 앉으면 좌우요진左右搖振이라 하여 몸을 좌우로 흔들어 등 근육이 확실히 펴져 있는지, 좌우 어딘가로 기울어져 있지 않은지를 확인합니다. 좌선을 시작한 지 얼마

되지 않았을 때는 잘 알고 있는 사람에게 보여 가장 정확한 자세를 잡는 것이 중요합니다.

좋은 호흡을 하기 위해서는 자세가 중요합니다. 점점 익숙해지면 가장 좋은 자세를 쉽게 취할 수 있는데, 몸이 그것을 기억하고 있기 때문입니다.

여러분도 아침에 집을 나서기 전에 꼭 자세를 체크하는 습관을 들이면 좋겠습니다. 그것이 자세에 대한 의식을 높이고 자신에게 가장 맞는 자세를 몸으로 기억하는 지름길이기 때문입니다.

좋은 자세로 깊은 호흡을 할 수 있게 되면 어디서든지 서 있는 채로 마음을 진정시키거나, 기분을 바꾸거나, 집중력을 높일 수 있습니다. 이것을 '입선立禪'이라고 하는데 저도 자주 실천하고 있습니다.

쉬는 시간이나 지하철 안에서나 '언제 어디서나' 할 수 있으니 꼭 실천해 보세요.

이른바 선을 일상에 활용하는 방법으로, 피로회복 효과도 뛰어납니다.

호흡은 마음의 표현이다

·········

호흡은 그때그때의 마음 상태와 연결되어 있습니다.

생각해 보면 누구에게나 있는 경험입니다. 예를 들면, 중요한 고객과의 상담 직전을 상상해 보세요.

거래의 성공 여부가 나의 대응에 달려 있다고 생각하면 어깨에 힘이 들어가고 손에 땀이 흥건해집니다. 마음이 긴장감으로 가득 차 있는 그때의 심장은 두근두근 박동하고 호흡은 빠르고 얕아집니다.

그런데 상담이 순조롭게 일단락되어 상대방과도 마음을 털어놓고 얼굴을 마주하는 자리에서는 마음에 여유가 생기고 호흡은 느긋하게 안정될 것입니다.

이런 식으로 호흡은 '긴장하고 있다'는 마음도, '오늘은 여유 있게 임할 수 있어'라는 마음도 솔직하게 드러냅니다. 자신은 전혀 긴장하지 않는다고 믿으려 해도 호흡은 속에 있는 진실한 마음을 표현해버리는 것입니다.

그래서 긴장될 때 굳이 일부러 '후~' 하고 깊은 호흡을 하면 긴장감이 풀려서 마음이 안정된다는 사람이 있는 것입니다.

호흡은 마음 상태에 따라 달라지고, 마음은 호흡에 따라 달라집니다. 둘은 그런 관계에 있습니다.

그것은 호흡을 정돈할 수 있으면 마음도 편한 상태로 안정된다는 말입니다. 부디 그 방법을 체득해 보세요.

먼저 다 내쉰다

호흡에서 중요한 것은 단전丹田에 의식을 집중하는 것입니다. 단전은 배꼽 밑 약 7.5cm 지점에 있는데, 호흡의 포인트는 먼저 '다 내뱉는' 것입니다. 호흡이라는 글자를 보면 '호'는 토하다, '흡'은 들이마신다는 뜻입니다. 이것으로 알 수 있듯이 호흡은 토하는 것이 먼저입니다.

단전에 있는 공기를 밖으로 다 내보낸다는 마음으로 되도록 긴 시간에 걸쳐 숨을 내쉽니다. 이때 숨을 완전히 내뱉는 것이 중요합니다. 그러면 자동적으로 공기가 들어오는데, 들이마시는 것을 의식할 필요는 없습니다. 다 내뱉은 후에는 몸에 맡겨두면 됩니다.

내뱉을 때는 배 속에 있는 '사기邪氣'가 빠져나가는 이미지를, 들이마실 때는 신선한 '영기靈氣'가 들어오는 이미지를 떠올리면 좋지만 처음에는 우선 '천천히, 깊이'를 신경 써 주세요.

좌선에 익숙해지면 1분당 호흡수가 3~4회가 됩니다.

추울 때 내쉬는 숨은 하얗게 보이는데, 좌선에 익숙한 사람들의 호흡을 보고 있으면 코에서 '슉' 하고 하얀 숨이 나와 길게 뻗어 있는 것처럼 보입니다. 코 앞으로 하얀 안개가 번지는 모양이지요. 그 정도까지 가면 수준급의 단전 호흡(복식 호흡)입니다.

물론 하루아침에 되지 않으므로 우선 1분에 7~8회 호흡을 목표로 삼으면 됩니다.

얕고 조급한 호흡을 하면 마음도 들썩거리고 발을 땅에 디디고 있지 않은 듯한 느낌이지만, 깊은 호흡을 할 수 있게 되면 마음도 침착해지고 묵직하게 대지에 발을 디디고 있는 듯한 안정감을 얻을 수 있습니다.

또한 깊은 호흡을 하면 몸이 따뜻해집니다. 특히 많은

여성들이 겨울에 발끝이 차가워져 힘들다고 하는데, 이런 호흡을 하면 혈류가 좋아지고 몸이 따뜻해집니다. 이 호흡법은 옛날에 산속에서 수행을 하던 신선이 혹한기에 동굴에서 몸을 녹이던 방법입니다. 그들은 복식 호흡으로 전신의 혈류가 잘 통하게 하여 겨울의 추위를 견뎌냈던 것입니다.

호흡은 목소리와 상관이 있습니다. 예를 들면, 성량이 풍부한 오페라 가수는 반드시 복식 호흡을 합니다. 가슴 호흡으로는 그런 목소리를 낼 수 없는 것이지요. '배에서 소리를 낸다'는 말 그대로 충분히 숨을 들이마신 배를 공명상자처럼 활용하여 공연장 구석구석까지 울려 퍼지는 소리를 내는 것입니다.

여러분도 큰 소리를 지르거나 노래방에서 큰 소리로 노래를 하면서 스트레스를 풀 때가 있지요? 그러나 요즘 젊은이들은 생각만큼 노래방에서 스트레스를 발산하지 못하는 것이 아닐까 생각합니다. 이유는 명백해요. 대부분의 사람들이 가슴 호흡을 하여 배에서 큰 소리를 내지 못하기 때문입니다.

 복식 호흡은 오늘날과 같은 스트레스 사회를 극복하는 데 효과적인 방법이라고 할 수 있습니다.

호흡이 정돈된 사람이 이긴다

．．．．．．．．

우리가 가지고 있는 능력을 충분히 발휘하기 위해서도 호흡은 중요합니다.

호흡을 정돈하면 전신의 혈류가 25~28% 올라간다는 데이터가 있습니다. 호흡을 정돈함으로써 긴장감이 없어지고 몸이 이완되어 혈관이 넓어지고 혈류가 좋아진다는 뜻입니다.

반대로, 호흡이 어지러우면 몸도 마음도 경직되어 혈관이 수축되기 때문에 혈류는 15% 정도 줄어든다고 합니다. 호흡하는 방법 하나로 40% 혹은 그 이상 혈액 순환이 달라지는 것입니다.

뇌에 산소와 영양을 공급하는 것은 혈액으로, 혈류의 차이에 따라 그 활동이 달라집니다. 그것을 증명하는 실험이 있습니다. 초등학생들을 대상으로 간단한 계산 문제를 풀게 한 후 시험지를 거두었습니다. 그리고 일단 학생들의 호흡을 정돈시킨 다음 같은 문제를 다시 풀게 했더니 정답률이 20% 정도 올라갔다고 합니다.

호흡이 정돈되고 마음이 침착해져 집중력과 판단력이 높아져서 그런 결과가 나타난 것 같습니다. 호흡에 의해 세로토닌serotonin 등 뇌신경 전달 물질의 분비가 높아져서 많은 알파파(뇌파의 하나로, 긴장을 풀고 쉬는 상태에서 볼 수 있다-옮긴이)가 나오는 것이 과학적으로 입증되고 있습니다.

어떤 호흡을 하는지에 따라 능력을 끌어내는 힘도 달라집니다. 이것이 명확히 드러나는 예가 운동 등 승부의 세계일 것입니다.

예를 들어 같은 수준의 능력을 가진 타자와 투수가 맞섰다고 합시다.

서로가 원래 가지고 있는 능력을 다 발휘하면 승부는 팽

팽한 접전이 됩니다. 만약 이때 타자의 호흡이 흐트러지고 투수는 확실히 호흡을 정돈하고 있으면, 첫 공을 던지기 전에 이미 승부는 정해진 것과 다름없습니다.

물론 투수가 이깁니다. 혈류가 원활해 전신에 활력이 넘치는 투수와 혈류가 줄어들고 위축된 타자의 차이는 명백합니다. 실력을 충분히 발휘할 수 있는 투수가 어렵지 않게 타자를 굴복시키게 되는 것입니다.

비즈니스에서도 호흡에 따라 결과가 달라진다고 생각합니다. 회의를 할 때도 여유를 가지고 현장에 도착해서 커피라도 마시며 자료를 재검토하면서 제대로 호흡을 정돈하고 있는 사람과 회의 시간에 부랴부랴 도착하여 거친 호흡을 가누지 못하고 회의에 임하는 사람은 벌써 그 시점에서 승부가 갈리는 것이 아닐까요?

회의를 이끄는 사람은 당연히 호흡이 정돈된 사람으로, 자신의 요구와 주장을 남김없이 전개할 것입니다. 한편, 후자는 초조하고 패기도 부족한 자신을 느낍니다. 어떻게든 자기 페이스를 되찾으려고 하지만 헝클어진 머리에서는 좋은 아이디어가 떠오르지 않습니다. 호흡이 정돈되기는커녕 점점 더 흐트러질 것이 뻔합니다.

　냉정하게 봐서 양쪽의 역량이 호각지세라고 하더라도 이 장면에서는 크게 차이가 납니다. 이른바 '상대에게 완전히 먹힌' 상황이 됩니다.

　'그렇구나. 호흡 하나에 이렇게 큰 차이가 날 줄이야!'

　이렇게 느꼈다면 '자, 호흡을 정돈해야지'라는 마음이 들지 않을까요?

발끝에서 마음가짐이 드러난다

선에서는 자기 발밑을 잘 봐야 한다고 강조합니다. 분수에 맞지 않는 큰 것을 생각하거나 여기저기 곁눈질하지 말고 현재 자신의 발밑, 즉 놓여 있는 상황을 잘 보고 지금 해야 할 일에 전심전력으로 임하라고 가르칩니다. 그것을 표현하는 말이 '각하조고脚下照顧'입니다.

몸가짐이라는 면에서도 발밑은 중요합니다. 바른 모습으로 앉아 있어도 발밑이 칠칠치 못하게 흐트러져 있거나 불안하게 움직이고 있으면 여지없이 모든 것이 허사가 되어 좋은 인상을 줄 수가 없습니다.

발은 발끝을 붙여 모읍니다. 이것은 상대방에게 마음을

전하는 의미가 되기도 됩니다. 발이 정돈되어 있으면 '마음을 다잡고 있구나'라는 느낌을 주지만, 흐트러져 있으면 상대는 내 마음이 해이해졌음을 간파합니다. 그다지 신경을 쓰지 않는 부분인 만큼 오히려 마음이 그대로 드러나는 곳이 발입니다.

신발도 소홀히 해서는 안 됩니다. 고급스러운 것을 신을 필요는 없고 새것이 아니어도 괜찮지만 손질이 되어 있는 것이 중요합니다. 멋진 정장을 입고 있어도 신고 있는 구두가 먼지를 뒤집어쓰고 있으면 마음의 허점을 보이는 것과 같습니다. 상대방은 거기서 인간성을 평가합니다.

'발끝을 본다'는 말이 있습니다. 말 그대로 신발을 본다는 뜻입니다. 옛날 금융업자는 돈을 빌리러 온 사람의 신발을 봤다고 합니다. 어떤 신발을 신고 있는가로 신뢰할 수 있는지 아닌지를 판단했지요.

'이 사람은 신발까지 신경 써서 말끔하게 입었군. 이 정도면 괜찮겠어.'

'옷차림은 고급스럽지만 신발이 좀…… 빌려주기 힘들 겠는걸.'

 이런 식으로 말입니다. 발로 인물을 판단하는 일은 전통적인 지혜입니다. 부디 '각하조고'를 잊지 마세요.

손가짐은
무언의 의사 표시다

·········

 손도 발끝과 마찬가지로 신경 쓰기 어려운 부분입니다. 손을 어디에 두면 좋을지, 어떻게 움직여야 하는지 깊이 생각해 본 사람은 많지 않을 것입니다. 그러나 손도 전적으로 마음의 움직임을 나타냅니다. 예를 들면, 손가락 끝을 바쁘게 움직이거나 손의 위치를 자주 바꾸고 있다면 마음의 평정을 잃고 있다는 것입니다.

 손을 둘 데가 없어 흔들흔들할 때는 마음이 여기에 없다는 상태 혹은 뭔가 초조하다는 것을 드러냅니다. 나도 모르게 손에 마음이 드러나고 있는 것입니다.

 선에서는 손의 몸가짐이 확실히 정해져 있습니다. 승당

僧堂 등 사원寺院 내에서 걸을 때나 서 있을 때는 '차수叉手'라는 방법으로 손을 마주 잡습니다. 옷소매가 수평이 되는 위치(가슴 부분)에서 엄지를 안에 넣어 왼손을 쥐고 오른손으로 그 주먹을 감싸듯이 하는 것입니다.

손을 축 내리고 있으면 마음에 긴장감이 없어지고 옷소매도 더러워지기 때문에 차수가 바른 몸가짐으로 쓰이게 되었습니다. 일반인들은 그렇게까지 할 필요는 없지만 손을 일정한 위치에 두고 움직이지 않는 것이 원칙입니다. 서 있을 때는 손을 자연스럽게 내려 몸 앞에서 포개거나 손가락을 깍지 끼거나, 여성이라면 손가락만 포개는 것이 아름다운 몸가짐입니다.

앉아 있을 때는 양손을 포개어 허벅다리 위에 두는 것이 기본입니다. 남성이면 가볍게 주먹을 쥐어도 괜찮습니다. 옛날 무사는 정좌正座(몸을 바르게 하고 앉음) 때나 안좌安座(책상다리로 편하게 앉는 것) 때도 주먹을 쥐고 손을 허벅지에 두었습니다.

어떤 경우에도 손을 뒤로 가게 하거나 주머니에 넣거나

하지 않고 상대방에게 보이도록 합니다. 상대방에게 위협할 만한 것을 가지고 있지 않고 기쁘게 상대를 받아들인다는 의사 표시가 되기 때문입니다.

제3장

자기 자신과 마주 본다

행동은 마음의 예절이다

·········

'예의범절이 깍듯하다'는 말이 있습니다. "그녀는 언제나 예의범절이 깍듯해"처럼 쓰지만, 예전에는 일상적으로 많이 쓰던 이 말도 이제 듣기 힘들어졌습니다. 젊은 세대 중에는 "그게 뭐야?"라고 할 사람이 있을지도 모르겠지만 '예의가 바르다', '행동이 정돈되어 있다'는 뜻입니다.

인사를 해야 할 때 인사를 하고, 감사해야 할 때 감사의 말이 나오고, 존경해야 할 상대를 겸손한 태도로 대할 수 있다……. 이런 것들은 당연한 일이지만, 몸에 밴 몸가짐으로서 자연스럽게 할 수 있는 사람을 유감스럽게도 요즘은 거의 볼 수 없습니다.

예의범절이 바른 사람은 주변 사람들에게도 호감을 줍니다. 제가 근무하고 있는 대학교에 대학원을 나와 조교로 일하는 한 여성이 있습니다. 그녀는 아침에 만나면 "안녕하세요?" 하고 밝은 목소리로 인사를 하고, 강의하러 갈 때는 "잘 다녀오세요", 퇴근할 때도 꼭 "조심해서 들어가세요" 하며 정중하게 고개를 숙여 인사합니다.

그것만으로도 기분 좋게 하루를 보낼 수 있습니다. 그런 예의 바른 몸가짐은 누구의 눈에도 아름답게 보일 것입니다. 그뿐 아니라 저는 그녀가 자라 온 환경도 상상할 수 있습니다. '틀림없이 부모님은 훌륭한 분이실 거야', '주변 사람들한테 많은 사랑을 받아 온 게 틀림없어'…….

그렇습니다. 몸가짐에서는 그 사람의 마음의 성장까지 보입니다. 예의가 바르다는 것은 '형태'의 아름다움만 전하는 것이 아닙니다. 마음의 풍부함, 솔직함, 다정함, 아름다움…… 이런 것들을 남김없이 전달합니다.

어떤 몸가짐이라도 그대로 마음을 드러냅니다. 이 점을 다시 한 번 생각해 보세요.

마음을 정돈하기가 더 어렵다

·········

 '마음을 정돈하자'라고 하면 마음은 보이지 않는 것이니 뭔가 뜬구름 잡는 이야기로 들릴지 모릅니다. 그렇기 때문에 먼저 마음과 확실히 연결되는 '형태로서의 몸가짐'을 정돈하는 것이 중요합니다. 이를 위해서 중요한 마음가짐이라고 할까, 작은 비결이 있습니다.

 도쿠가와德川 막부의 검술사범이었던 굴지의 검객 야규 무네노리柳生宗矩에 관한 일화를 소개합니다.

 그는 선승 다쿠안 소호澤庵宗彭와의 만남으로 검술에 눈을 떴는데, 그와 교유하던 중 이런 일이 있었답니다. 어느 비 오는 날, 다쿠안 스님이 무네노리에게 말했습니다.

"자네, 이 빗속으로 나가 젖지 않는 비법을 보여 보게."

무네노리가 내리퍼붓는 빗속에서 칼을 휘둘러 비를 난도질한 후 "이것이 저의 비법입니다"라고 하자 스님은 아무렇지도 않게 이렇게 단언합니다.

"그렇게 젖었는데 뭐가 비법인가?"

물론 무네노리는 받아들일 수 없었기에 "그렇다면 스님의 비법을 보여 주십시오"라며 화를 냅니다. 조용히 밖으로 나간 다쿠안을 무네노리가 응시하고 있는데, 스님은 아무런 움직임 없이 가만히 빗속에 서 있었습니다.

잠시 후 다쿠안이 온몸이 흠뻑 젖은 채 방으로 들어왔습니다. 무네노리는 이거다 싶어 매섭게 따지고 듭니다.

"뭡니까, 스님도 젖었잖아요. 그게 비법이라고요? 가소롭기 짝이 없습니다."

그 말에 다쿠안은 이렇게 말했습니다.

"아니, 완전히 다르네. 자네는 젖지 않으려고 칼을 휘두르며 비에 맞섰지만 비는 그런 것에 전혀 상관없이 자네를 적셨네. 나는 비를 받아들이며 그냥 서 있었네. 내가 비에

젖었다고 생각하나? 아니네. 나는 비와 하나가 된 것뿐이네. 알겠나?"

복잡한 선문답으로 들릴지 모르겠지만, 무네노리는 그것으로 다쿠안이 이야기하고자 한 바를 이해하고 검을 연마하게 되었습니다.

비와 하나가 된다는 것은 있는 그대로 받아들인다는 것입니다. 거역하려고 해도, 대항하려고 해도 가차 없이 내리는 비는 어찌할 수 없는 것입니다. 그렇다면 받아들일 수밖에요. 받아들여버린다면 마음의 술렁거림이나 흐트러짐 없이 평온한 마음으로 있을 수 있습니다.

빗속에서 '마음을 어지럽히며 싸운' 무네노리와 '온화한 마음으로 멈춰 서 있던' 다쿠안. 비법이 어느 쪽에 있는지는 명백합니다. 있는 그대로 받아들여 하나가 되는 것, 그것이 선의 진수라고 말할 수 있습니다.

몸가짐을 정돈하는 비법도 여기에 있습니다.

예를 들어 식사할 때의 몸가짐을 정돈하고 싶다면, 즉 아름답게 식사하고 싶다면 젓가락을 어떻게 쓰면 보기 좋을지, 밥은 한 번에 어느 정도 입에 넣어야 적당할지, 차를 마실 때 어떻게 찻잔을 들어야 멋있을지…… 이런 생각을 하겠지요?

그러나 선에서는 이렇게 가르칩니다.

'봉다끽다逢茶喫茶 봉반끽반逢飯喫飯.'

풀이하면 '차를 만나면 차를 마시고 밥을 만나면 밥을 먹는다'는 말로, 차를 마실 때는 차를 마시는 데만 전념하고 밥을 먹을 때는 먹는 데 집중하면 된다는 뜻입니다.

'차를 마시는 일, 밥을 먹는 일, 그냥 그것에 열중한다. 볼품이 어떠한지, 어떻게 하면 멋있을지, 그런 쓸데없는 것에 얽매이지 않고 단지 지금 자신이 하고 있는 것에 집중한다.'

이것이 이 선어의 의미입니다.

'하나가 된다'는 말도 그런 것으로, 그것이 정돈된 몸가짐입니다.

차 한잔을 마음껏 즐기는 모습, 밥 한 그릇 먹는 것을 마음으로부터 즐기는 모습. 그것보다 아름다운 몸가짐이 어디 있을까요?

일거수일투족, 모든 몸가짐에 대하여 이렇게 말할 수 있습니다.

'하나가 된다.'

몸가짐을 정돈하려고 할 때의 마음가짐으로 이보다 중요한 것은 없습니다.

'좋다'는 느낌을 지속한다

․․․․․․․․

 이런 경험 없으신가요? 누군가에게 '분위기 좋은데'라는 인상을 받거나, 친구나 아는 사람에게 '어, 이런 점이 있었네. 멋있는데'라고 느낀 경험. 있다면 그것은 여러분 자신에게 느낌이 있었다는 이야기입니다.

 느낌은 아름다운 사람에 가까워지는 중요한 계기가 됩니다. 중요한 것은 느낀 것을, 괜찮다고 느낀 것을 바로 실천하는 것입니다. '남의 행동을 보고 자기 행동을 고쳐라'라는 속담이 있는데, 정반대의 경우도 본질은 같습니다. 남의 행동(몸가짐)이 분위기가 좋거나 멋지거나 아름다우면 그것을 자신의 몸가짐으로 가져갑니다. 이를 위해서는 시도해 보는 수밖에 없습니다.

선사禪寺에는 '제중制中'이라는 수행기간이 있습니다. 이 기간에는 원칙적으로 외출이 허락되지 않고 운수雲水(수행승)는 열심히 수행에 집중합니다. 100일이라는 수행기간 동안 운수들은 엄격한 생활을 하는데, 특히 신도新到(1년째의 수행승)는 완전한 외출 금지(발을 땅에 디디지 않는 것)로 처음에는 당황해합니다. 아침에 일어나는 것도 힘들고 독경을 비롯한 모든 수행이 너무 힘들어서 밤에는 기진맥진하여 오히려 잠을 못 잘 정도입니다.

그럼에도 도망갈 데가 없기 때문에 100일간 계속할 수밖에 없습니다. 그러다 보면 어떻게든 조금씩 해내게 되고, 스스로도 수행이 점점 몸에 익숙해지는 것을 실감하게 됩니다.

제중은 석가모니 시대부터의 관습이라고 하는데 100일간이라는 설정은 정말 적절합니다. 그 기간 동안 계속 반복함으로써 '도저히 할 수 없을 것 같다'고 생각되었던 것도 조금씩 자연스럽게 체득하게 됩니다.

우선은 열흘 동안, 누군가가 느끼게 해 준 '아름다운' 몸가짐을 계속해 보세요. 그리고 또 열흘간…… 그렇게 하는 가운데 100일이 지나고, 그것은 완전히 여러분의 몸가짐이 되어 있을 것입니다.

바른 말을 사용한다

저는 평소 대학교에서 많은 젊은이들을 만나고 있는데, 고개가 갸우뚱해지는 장면이나 귀를 의심하고 싶어지는 장면과 자주 맞닥뜨립니다. '학생들끼리 허물없이 이야기하는구나' 하고 보면 대화 상대가 연장자인 직원이거나 선생님임을 알게 됩니다. 즉 반말로 이야기하고 있는 것입니다.

물론 이것은 젊은 세대만의 문제가 아닙니다. 어찌된 일인지 요즘은 '친구 같은 부모자식'이나 학교에서 교사와 학생이 친구처럼 지내는 것을 좋은 일인 양 이야기합니다. 대부분의 어른들이 나이 어린 사람들에게 아첨하고 있는 현실, 이것이 근본적인 원인인 것 같습니다.

아름다운 말은 그 자체로 아름다워질 수 있는 큰 무기입니다. 가까이 있는 것을 제대로 쓰지 못하는 것은 보물을 가지고 있으면서 썩히는 것과 같습니다. 하루 빨리 그런 상태에서 빠져 나오기를 간절히 바랍니다.

그렇다고 회화 책이나 존댓말 교육 같은 것을 추천할 생각은 없습니다. 획일적이고 형식적인 표현을 배우는 것으로는 결코 말이 살아나거나 아름다워지지 않기 때문입니다.

선에서는 '애어愛語'로 말을 걸라고 합니다. 애어에 대해 도겐道元 선사(1200~1255년, 일본 조동종의 창시자-옮긴이)는 이렇게 썼습니다.

'애어愛語는 애심愛心에서 나오고 애심愛心은 자심慈心에서 나온다. 애어가 충분한 것에는 회천廻天(회복, 소생, 부활)의 힘이 있음을 배워야 한다.'(『쇼보겐조正法眼藏』)

자비로운 마음에서 나온 사랑이 담긴 말은 천지우주를 뒤집을 정도의 힘이 있다는 뜻입니다.

애어의 가장 좋은 예는 어머니가 자식에게 하는 말일 것입니다. 자신의 이익과 이득은 하나도 생각하지 않고 욕심 없이, 단지 자식을 사랑하는 마음에서 나오는 말. 서툴거나 퉁명스럽더라도 그것이야말로 애어라고 생각합니다.

하고 싶은 말을 생각나는 대로 내뱉는 것이 아니라, 그 말을 상대방이 어떻게 받아들일지부터 생각해 보세요. 일단 상대방의 입장에 서서 나라면 어떻게 받아들일까 생각해 보면 어떨까요? 아무렇지 않다고 생각했던 말이 의외로 가시가 박혀 있거나 비꼬는 듯하거나 피상적이거나…… 이런 경우가 자주 있습니다.

"아, 그런 뜻으로 한 말이 아니고……."

어떤 말을 하고 난 뒤 당황해서 얼버무리려고 했던 경험은 누구에게나 있을 것입니다. 그러나 일단 입 밖으로 나온 말은 절대로 돌이킬 수 없습니다. '그 한마디'로 상사와의 관계가 어긋나버렸다, 친구 사이에 틈이 생겼다, 소중한 사람의 기분을 나쁘게 했다…… 이런 일들은 언제라도 일어날 수 있습니다.

그리고 무슨 일이 있을 때마다 걱정해 주는 친구의 조언이나 충고가 때로는 성가시게 들리는 경우도 있습니다.

"시끄러워. 그만 좀 해!"

무심코 이런 말이 입에서 나오려 할 때도 있겠지만, 잠깐만 호흡을 가다듬어 보세요. 그것만으로도 나오는 말이 완전히 달라집니다. 쓸데없는 참견으로 들리는 친구의 말도 '나를 마음속으로 생각해 주는구나'라고 생각되어 "항상 고마워"라고 말할 수 있을지 모릅니다. 충분한 애어로 상대방의 마음을 받아들일 수 있다는 것입니다.

말은 양날의 검으로 상대를 행복하게 하거나 돌보거나 위로하는 힘을 가지고 있는 반면, 상처를 주거나 괴롭히기도 합니다. 자기 안에 애어가 있는지 구별하는 기준을 가져 보세요.

처음에는 그 기준이 들쑥날쑥하여 마음에도 없는 말이 툭 튀어나올지 모르지만, 그래도 항상 그 기준을 의식하려고 노력해 보세요. 그러다 보면 언젠가는 이런 말을 듣는 사람이 될 것입니다.

"그녀는 항상 상냥하게 말한다."

"그녀의 말은 왠지 참 따뜻하다."

매일 아침,
양손을 모은다

옛날에는 어느 집이든 불단佛壇이 있었습니다. 아침이 되면 너나없이 그 앞에 앉아 향을 올리고 잠시 합장을 하는 모습이 자연스러운 가족의 풍경이었습니다. 어린아이들도 어른들 흉내를 내며 양손을 모아 조상에 대한 존경과 감사하는 마음을 길렀습니다.

양손을 모으는 일은 단순히 형식적인 규칙이 아니고 명확한 의미가 있습니다. 오른손은 상대의 마음, 왼손은 자신의 마음으로 양손을 모으는 것은 상대와 한마음이 된다는 뜻입니다.

매일 아침, 내가 지금 여기 있는 행복을 조상과 마음을 하나로 하여 충분히 느낍니다. 그런 아름다운 풍습이 뿌리내리고 있었습니다. 그러나 시대가 완전히 바뀌어 요즘은 손을 모은다고 하면 새해 첫날이나 혹은 자신의 성공을 빌며 사찰에 참배할 때 정도인 것 같습니다.

누구나 한두 번쯤 불상을 본 적이 있을 것입니다. 석가모니의 모습을 보면, 몸의 정면에서 왼손 위에 오른손을 포개어 고리를 만들듯 엄지를 맞추어 '인印'을 만들고 있습니다. 그것은 법계정인法界定印으로 '나의 마음은 안정되어 있습니다'라는 의미입니다. 불상 앞에서 합장을 하는 것은 '부처님과 마음을 하나로 하여 모든 일을 맡긴다'는 뜻입니다.

생각해 보면 현대인들은 마음을 하나로 하는 것에서 멀리 떨어져 있는 것 같습니다. '내가, 내가……'라는 생각이 앞서 다른 사람은 그다음이라는 삶이 만연해 있습니다.

우선은 불단이 없어도 되니 매일 아침 양손을 합장하는 아름다운 습관을 먼저 되살려 보는 건 어떨까요? 그러면 틀림없이 다른 사람에게도 마음으로 합장하며 대하는 습관이 몸에 밸 것입니다. 자칫하면 피곤해지기 쉬운 인간관계도 마음이 하나가 되면 자연스레 풀려 갈 것입니다.

맨발로 생활한다

수행 중인 운수의 생활은 의식주 모두 대단히 검소합니다. 아무리 추운 겨울에도 버선을 신는 것은 용서되지 않습니다. 조동종曹洞宗(선종 오가의 하나로 도겐 선사에 의해 일본에 소개되어 현재 일본 불교 최대 종단을 이루었다-옮긴이)의 대본산인 에이헤이지永平寺는 후쿠이 현福井縣의 산사로, 한겨울에는 추위가 극심하여 매일매일이 얼어버릴 것 같은 추위와의 싸움입니다.

그러나 수행이 진행되면서 추위가 익숙해지면 몸에 긴장감이 와서 기분이 좋아진다고 합니다. 자연과 화합되어 살아 있는 실감이 나는 것입니다. 저도 젊은 시절에는

1년 내내 맨발로 지냈는데, 요즘은 나이가 들어 12월에 들어서면 버선을 신지만 3월쯤 되면 근질근질하여 벗고 싶어집니다.

맨발의 장점은 발가락을 자유롭게 움직일 수 있는 것이지요. 여기엔 건강 효과도 크다고 합니다. 추위에 강해져서 감기에 잘 걸리지 않는 것은 물론, 제2의 심장이라고 하는 발의 혈류가 좋아져서 전신의 혈류도 좋아집니다.

발과 다리가 차가워져서 부기로 고생하는 여성이 많다고 하는데 맨발 생활은 그 특효약일지도 모르겠습니다. 냉증을 고치려고 대부분은 표면적으로 따뜻하게 하는 방법을 쓰는데, 몸의 내부부터 개선하지 않으면 그런 증상은 근본적으로 낫지 않습니다. 요즘엔 '차게 하는' 것으로 건강해지는 방법도 있다고 합니다.

맨발로 있을 때의 신발은 나막신이나 짚신이 좋다고 합니다. 발에는 경혈이 많은데, 특히 엄지발가락과 둘째발가락 사이에 내장과 뇌에 직결되는 중요한 경혈이 밀집되어 있다고 합니다. 나막신의 끈이 그곳을 자극해 주므로 걷는 것만으로 지압을 받는 것과 같은 효과가 있습니다. 나막신이나 짚신이 힘들다면 실내에서 맨발로 걷는 것도 좋습니다. 아름다움의 출발은 무엇보다도 건강함입니다. 경혈 자극 효과도 있는 맨발 생활은 그 출발점을 강화하는 데 안성맞춤입니다.

에어컨이나 난방 기구가 갖춰진 생활은 분명 쾌적하지만 그야말로 인공적이지요. 맨발 생활은 작은 자연과 본래의 몸이 갖고 있는 힘을 되찾는 작은 도전입니다.

자연 속을 산책한다

....

 바쁘면 생활에 충실하다고 생각하는 사람이 적지 않은 것 같습니다. "언제나, 언제나, 바빠서……"라는 '한탄'에서는 왠지 자랑스러워하는 뉘앙스가 풍기지 않나요? 그러나 바쁘다는 것은 마음을 '잃어버리는' 것입니다.
 아무리 바쁘더라도 일부러 느긋한 시간을 가져야 합니다. 마음을 정돈해서 유연하게 살아가기 위해서는 이런 것이 필요합니다.
 교토 시 사쿄 구 긴카쿠지銀閣寺(정식 명칭은 지쇼우지慈照寺)에서 냐쿠오지진자若王子神社로 가는 약 2km의 좁은 길은 '철학의 길'로 불리는데, 철학자인 니시다 기타로西田幾多

(1945년 사망)가 이곳을 즐겨 산책하며 사색에 잠긴 것에서 이 이름이 붙여졌습니다. 여기는 비와코소스이琵琶湖疏水에 접한, 자연이 풍부한 산책로입니다.

철학자는 나무들의 새순과 낙엽, 산들바람과 새 소리, 공기의 향기나 따스함, 냉기 등 매 계절마다 자연이 보여 주는 여러 가지 모습을 온몸으로 느끼며 걷고, 자연의 흐름과 인간의 삶을 대조하면서 장대한 철학 체계를 완성시켰을 것입니다.

자연 속을 걷는 것은 메마른 마음에 윤기를 주는 것이며, 오감을 예민하게 하는 것입니다. 한기를 천천히 녹이는 따스한 봄을 느끼고 금목서金木犀의 향기로 가을을 느낍니다. 오감이 알려 주는 계절감은 각별한 정취를 느끼게 합니다. 그리고 사소한 대화를 하면서도 이런 표현을 할 수 있게 됩니다.

"오늘은 공원을 지나면서 금목서의 좋은 향기에 왠지 마음이 따뜻해졌어요. 이제 가을의 기색이 농후하네요."

이런 사람을 만나면 누구라도 감성의 풍부함을 느끼는

것은 말할 필요도 없습니다. 도시 안에서도 자연은 숨 쉬고 있습니다. 여러분의 산책길을 찾아 천천히 걷는 시간을 가져 보세요.

쓰레기를 정해진 곳에 버린다

· · · · · · · · ·

지금은 어느 지역이라도 쓰레기 분리수거가 실시되어, 버리는 방법에도 규칙이 있습니다. 그러나 규칙이 있으면, 꼭 지키지 않는 사람이 있는 것도 슬프지만 부정하기 힘든 현실입니다.

버리는 것을 깜박하여 음식쓰레기가 쌓였습니다. 다음 수거일까지 어떻게 참을까요?

'어딘가 다른 장소라면 누가 버렸는지 알 수 없겠지. 몰래 갖다 버릴까? 한 사람 정도 규칙을 어긴다고 해서 별일 있겠어?'

이렇게 규칙과 상관없이 쓰레기를 버리고 들키지 않으

면 과연 성공한 것일까요?

'파수공행把手共行'이라는 선어가 있습니다. 함께 손잡고 간다는 뜻인데, 누구와 손잡고 가는 것일까요? 시코쿠四國 88개소를 도는 순례(일본 불교의 한 종파인 진언종의 창시자 고보다이시弘法大師가 8~9세기에 수행한 여정을 따라 시코쿠 전역의 88개 절을 도는 1,200km에 이르는 순례–옮긴이)에 그 답이 있습니다.

순례자가 쓰고 있는 삿갓에는 '동행이인同行二人'이라고 쓰여 있습니다. 혼자서 순례를 해도 걷고 있는 사람은 두 명입니다. 한 사람은 나, 또 한 사람은 고보다이시입니다. 순례자가 가는 길에 반드시 고보다이시가 함께 있어 준다, 그래서 괴로워도 힘들어도 끝까지 걸어갈 수 있다는 것입니다.

우리는 혼자서 살아가는 것이 아닙니다. 언제나 마음속의 부처님과 손잡고 삶을 걸어갑니다. 마음속의 부처님이란 자신이 가지고 있는 올바른 마음, 아름다운 마음입니다.

그런 내가 몰래 쓰레기를 버릴 수 있을까요? 부처님 눈

앞에서 쓰레기를 함부로 버리고 아무렇지도 않게 있을 수 있을까요? 누군가가 비난하지 않아도 부처님은 보고 있습니다. 그것을 알아야 합니다. 언제나 마음속의 부처님을 느끼고 있으면 무엇을 해야 하는지, 무엇을 해서는 안 되는지가 명확히 보입니다.

그날그날 정리한다

········

 아침에 일어나면 싱크대에 더러워진 식기와 조리기구가 쌓여 있고, 테이블에는 자기 직전까지 읽던 잡지가 몇 권이나 펼쳐진 채로 겹쳐 있고, CD케이스는 여기저기 흩어져 있고······.

 '아, 이래선 아침도 못 먹겠네!'

 뜨끔한 사람들이 적지 않을 것입니다.

 더러워진 것, 사용한 것을 정돈하는 일은 꽤 귀찮은 일입니다. 그래서 결국 뒷전이 되지요. 확실히 식사 후 해야 하는 설거지나, 즐겁게 보거나 듣거나 한 뒤의 잡지나 CD 정리는 해야 할 '즐거움의 뒷정리'이기 때문에 기분이 처지는 것은 당연할지도 모릅니다.

뒷정리를 다른 관점에서 생각해 보세요. 예를 들면, 다음 날의 아침 식사를 떠올려 볼까요. 전날의 더러워진 식기가 잘 닦여 있으면 곧바로 아침 준비를 할 수 있으니까 기분이 좋습니다. 왜? 아침을 만들기 위한 준비가 잘 정돈되어 있으니까요.

그런데 전날 양파를 썬 부엌칼이 그대로 있으면 그것으로 빵을 자르고 싶지도 않고, 볶은 프라이팬에 뭔가 눌어붙어 있으면 거기에 베이컨 에그를 만드는 것을 주저하게 됩니다.

이제 깨달았지요? '정리'는 즐거움의 뒤처리가 아니라 다음 행동을 위한 준비라는 것을……. 더러워진 것을 씻는 것도, 사용한 것을 정리하는 것도 끝난 것의 뒷정리가 아니라 다음번에 기분 좋고 순조롭게 임하기 위한 '준비를 하는' 일입니다.

식사 채비가 맛있게 먹을 준비라면, 식기와 조리기구를 깨끗하게 씻는 것은 다음 날 개운한 마음으로 식사를 만들

제3장 자기 자신과 마주 본다

기 위한 준비입니다. 어느 쪽은 즐겁고 어느 쪽은 시시하고 귀찮다는 것은 없습니다. 단지 준비 내용이 조금 다를 뿐입니다.

자, 좋은 아침을 맞이합시다!

배부르게 먹지 않는다

⋯⋯⋯

 선에서는 '행주좌와行住坐臥' 모두를 수행으로 생각합니다. 먹는 일도 물론 그렇습니다.
 '먹는 일이 수행이라니! 식사 정도는 자유롭게 마음껏 먹고 싶다.'
 어쩌면 이런 생각을 할지도 모릅니다.
 선 수행에서 식사하는 그릇은 응량기應量器라는 나무 그릇인데 아침小食은 그 중 가장 큰 그릇에 담은 죽 한 그릇입니다. 죽에는 '농도의 차이'가 있는데 수행을 막 시작한 운수는 쌀알이 거의 보이지 않는 묽은 윗물을 먹는 것이 관례로, 보다 엄격하게 자신을 다스리라는 의미입니다.

반찬은 참깨와 소금을 1 대 1 비율로 볶은 깨소금과 약간의 채소절임입니다. '사이신再進'이라고 하여 더 먹을 수는 있지만 죽을 반 그릇 정도 더 받을 수 있을 뿐입니다.

점심은 보리를 섞은 밥과 채소절임, 그리고 된장국이 전부입니다.

저녁藥石에는 점심때 먹은 것에 '별채別菜'가 추가됩니다. 반찬이라고 할 만한 것은 이 별채가 유일한데, 무를 익힌 것이나 이등분한 간모도키(으깬 두부에 야채를 다져 넣어 튀긴 것-옮긴이) 정도로 '간소'하여 당연히 공복감에 휩싸입니다. 처음 사나흘은 시장기를 느낄 여유도 없지만 이때를 넘기면 무척 힘들어집니다. 한 달도 지나지 않아 모든 수행승이 10kg은 살이 빠집니다. 원래 살집이 있는 사람이라면 20kg이나 빠지는 경우도 있습니다. 이미 다른 사람이 되는 것입니다.

그런데 신기하게도 3개월이 지나면 위가 줄어든 것인지 같은 양의 식사를 해도 공복감이 점점 없어지고 체중도 차츰 돌아옵니다. 먹은 것의 영양을 소화기관이 효율성 있게 소화·흡수시키기 때문입니다.

변화는 그것만이 아닙니다. 좌선을 하고 있어도 머리가 맑아집니다. 식사를 하면 소화를 위해 혈액이 소화기관으로 속속 들어가 머리로 가는 혈액량이 적어진다고 합니다. 식사를 많이 한 후 졸음이 오는 이유는 혈액 부족으로 뇌의 활동이 조금 쉬고 있기 때문입니다. 최소한의 식사는 소화기관에 부담을 주지 않아, 그만큼 혈액이 뇌로 더 흘러가 머리가 맑아지는 것입니다.

예로부터 '배가 덜 차도록 먹는다'고 하는데, 그것이 건강에도 머리에도 좋은 것을 경험으로 알고 있기에 그런 격언이 생겼고 지금까지 전해 온다고 생각합니다. 수행 중의 식사는 이전에 먹던 양의 절반도 먹지 않지만 격언에 진리가 있음을 실감합니다.

'배가 부르도록 마음껏'은 반납하는 것이 좋습니다. 오후가 되어 "또 꾸벅꾸벅 졸고 있네"라는 말을 들을지, '생생하게' 보일지는 여러분의 선택에 달렸습니다.

보통 절에서 수행하는 승려들은 대부분 남자이지만 피

부의 윤기가 화제가 될 때가 있습니다.

"어, 피부가 반질반질해졌네. 얼굴색도 하얘지고……."

이런 말이 곳곳에서 들릴 때가 있습니다.

정확한 이유는 모르겠지만 그것도 식사의 효과인 것 같습니다. 수행 중의 식사는 채소류가 전부이므로 고기도 생선도 섭취하지 않습니다. 향신료나 기호품 같은 자극적인 것도 없고, 전부 소화에 좋고 소화기관에 부담이 없는 음식뿐입니다. 그런 식사를 계속하면 피부가 투명해지고 하얘지고 윤기가 돌게 됩니다.

이것은 여성들이 간과할 수 없는 부분이겠지요? 배부르게 먹지 않는 것뿐만 아니라 식재료에도 주의해야 합니다. 고기 중심으로 치우쳐 있거나 쓸데없이 자극적인 것을 좋아한다면 생각을 바꿔 보는 게 어떨까요?

선의 식사는 '머리가 맑아지고 피부가 고와지는' 것입니다. 여러분의 식생활을 고칠 수 있는 힌트가 된다고 생각하는데, 어떠세요?

그릇을 소중히 다룬다

....

함께 식사하는 사람의 몸가짐은 누구나 주의를 기울이는 것이고, 본래 가진 몸가짐의 '질'이 전형적으로 드러나는 때가 식사 시간입니다. 아름다운 몸가짐으로 식사하는 사람은 다른 자리에서도 아름다움을 잃지 않습니다.

여러 가지 예절 중에 식사법을 배우고 그에 따른 몸가짐을 실천하는 것도 좋지만, 일일이 '회에 간장을 어떻게 찍지?', '작은 그릇에 있는 음식은 어떻게 먹지?', '국물이 담긴 그릇의 뚜껑을 여는 방법은……?' 하는 식으로 생각하다 보면 움직임이 어색해질 수 있습니다. 그렇게 하면 각각의 예절은 맞아도 전체적인 몸가짐으로는 아름답지 않습니다.

한 가지만 명심하면 아름다운 몸가짐으로 식사할 수 있습니다.

저는 그렇게 생각합니다.

그 한 가지가 '젓가락과 그릇을 소중하게 사용하는 것'입니다.

그릇을 소중하게 쓴다는 것은 정중하게 취급한다는 것입니다. 예를 들면, 작은 그릇에 있는 음식을 먹을 때는 먼저 오른손으로 그릇을 들고 왼손으로 바꿔 든 후 젓가락을 댑니다. 이것이 그대로 아름다운 몸가짐이 됩니다. 조심성 없이 그릇을 식탁에 둔 채로 먹으려 하면, 젓가락과 그릇이 부딪히는 소리가 나거나 그릇을 넘어뜨릴 수도 있습니다.

한 입 먹고 그릇을 놓을 때도 마찬가지인데, 이번에는 왼손에서 오른손으로 바꿔 들고 원래 자리에 되돌려 놓습니다만, 그릇을 바꿔 들기 위해서는 그 전에 일단 젓가락을 젓가락 받침에 내려놓아야 합니다. 선의 식사 예절에서는 젓가락을 그릇 위에 두지만, 젓가락을 소중히 다룬다면 일반적으로는 제대로 젓가락 받침에 두는 것이 자연스럽습니다.

작은 그릇만이 아니라 어떤 그릇도 똑같습니다.

'오른손으로 잡는다 → 왼손으로 바꿔 든다 → 젓가락을 든다 → 먹는다 → 젓가락을 놓는다 → 오른손으로 바꿔 든다 → 오른손으로 놓는다.'

이것이 젓가락과 그릇을 취급하는 공통된 방법입니다. 이것만 명심하면 젓가락으로 그릇을 끌어당기는 일도 없을 것이며, 회에 묻은 간장이 떨어져서 테이블을 더럽히는 일도 없을 것입니다. 항상 그릇을 들고 먹으므로 '손그릇手盆(음식을 먹을 때 흘릴까 봐 손으로 받치는 것-옮긴이)'을 만들(최근 TV에 나오는 많은 사람들이 이렇게 하는데, 이는 예절에 어긋나는 것입니다) 필요도 없습니다.

그리고 뚜껑이 있는 그릇의 경우, 왼손으로 그릇을 잡고 오른손으로 뚜껑을 여는 것이 그릇을 소중히 다루는 것이 되겠지요. 오른손만으로 여는 것보다 훨씬 아름다운 몸가짐입니다.

  한 입 먹을 때마다 젓가락을 놓는 것도, 보고 있으면 기품을 느끼게 됩니다. 젓가락을 들고 다음에 먹을 그릇을 찾는 행동과는 큰 차이가 있다고 느껴지지 않나요?

  젓가락을 놓는 것으로 다음 행동까지의 '시간'이 생깁니다. 입만 움직이고 있는 이 시간이 '맛을 잘 느끼면서 정말 맛있게 먹고 있습니다'라는 무언의 메시지를 전하는 시간이 됩니다.

  어렵게 생각할 필요 없습니다.

  '그릇을 소중히 다루자.'

  이것만 명심하면서 식사를 하면 자연스럽게 우아하고 아름다운 몸가짐이 됩니다.

먹는다는 행위의 고귀함

·········

일본에서는 식사할 때 "잘 받겠습니다"라고 말하는 것은 누구나 알고 있습니다. 그러면 무엇을 받는다는 것일까요? 눈앞에 있는 음식을 받는 것은 물론이고, 요리 재료인 고기와 생선, 야채들도 원래는 살아 있었던 것, 즉 생명이 있었던 것이므로 받는 것은 그 생명들입니다.

식사는 바로 고귀한 생명을 받는 것이므로 마음으로부터 감사의 마음을 담아 그 말을 해야 하는 것입니다. 그러나 여러 곳에서 식사하는 모습을 보아도 두 손을 모아 "잘 받겠습니다"라고 말하는 사람은 거의 없습니다. 게다가 음식이 차려지는 동안 벌써 젓가락을 대는 일도 적지 않습니다.

양손을 모으는 일은 마음속으로 해도 되고, "잘 받겠습니다"라고 나지막하게 중얼거려도 괜찮습니다. 그 몸가짐에서 감사의 마음이 우러나오니까요. 그러면 자세도 제대로 취하게 되어 음식 쪽으로 몸을 구부리거나 다리를 꼬거나 테이블에 팔꿈치를 올리는 행동은 못하겠지요?

선 수행 중에는 채소 요리만 먹고 동물이나 생선은 절대로 먹지 않습니다. 이는 되도록 살생을 하지 않겠다는 의미입니다. 녹색 채소나 뿌리채소들은 뽑아내지 않는 한 다시 살아나는데, 동물이나 생선의 생명은 일단 없어지면 두 번 다시 살지 못합니다. 그런 것을 생각한다면 "잘 받겠습니다"라고 말하는 것이 얼마나 소중한 행위인지 한층 더 실감날 것입니다.

선에서는 식사 예절로 '오관게五觀偈'를 정해 둡니다. 이 게偈의 의미는 다음과 같습니다.

- 많은 사람의 노고 덕분에 지금 이 음식이 있음을 감사

하며 받는다.
- 나는 이 고마운 음식을 받을 만한가, 행동을 반성하며 받는다.
- 욕심이나 분노, 어리석은 마음이 없는지 물어보며 받는다.
- 몸과 마음을 건강하게 유지하고, 수행을 계속하기 위한 좋은 약으로 받는다.
- 인간으로서 높은 인격을 닦는 것을 생각하며(도를 깨우치기 위해) 두 손을 모아 받는다.

특히 우리는 '많은 사람의 노고'를 잊기 쉽습니다. 먹을 수 있다는 것을 당연하게 생각할지 모르겠지만 한 알의 밥이 입 안으로 들어갈 수 있는 것은 눈에 보이지 않는 많은 사람들의 노고 덕분입니다.

선에서는 '100명의 사람 덕분'이라는 표현을 하는데, 볍씨를 뿌리는 사람, 벼 모종을 키우는 사람, 모내기를 하는 사람, 김매기를 하고 거름을 주는 사람, 수확하는 사람, 탈

곡하고 쌀을 출하하여 유통업체로 판매하는 사람……. 이런 식으로 셀 수 없을 만큼 많은 사람들의 수고가 쌓여야 비로소 우리가 밥을 먹을 수 있는 것입니다.

이런 생각만으로도 식사할 때의 몸가짐을 함부로 할 수 없게 됩니다. 마음이 깃든 몸가짐을 합시다.

일찍 일어나 하루를 시작한다

·········

 하루의 시작인 아침을 어떻게 맞이할까? 이것은 아주 중요한 테마입니다. 늦잠을 자버린 아침을 생각해 보세요. 당황해하며 침대에서 뛰쳐나와 잠이 덜 깬 눈으로 세수를 하고 이를 닦고, 여성이라면 화장도 몸치장도 하는 둥 마는 둥, 아침 식사도 못하고 허둥지둥 뛰쳐나가는 광경이 펼쳐지겠지요.

 마음에 여유가 없기에 출근길에 뭔가 두고 온 것을 알아차리고 되돌아가야 할지도 모르고, 회사에도 겨우겨우 시간을 맞춥니다. 일을 하려는 준비가 되어 있지 않으면 일을 시작해도 능률이 오르지 않습니다. 아침 일찍 회의가 있어도 좋은 발언을 못하고, "회의가 있는 걸 알고 있었잖아요? 회의 정도는 제대로 준비해 뒀어야지"라는 쓴소리를 들을 수도 있습니다.

모든 원인은 늦잠에 있습니다. 거기서 나쁜 원인이 생겨 나쁜 결과로 이어지고 악순환 속에서 하루가 지나가게 되는 것입니다. 그리고 하루를 정리하며 입에서는 한숨이 터져 나옵니다.

"아, 오늘은 정말 재수 없는 날이었어."

그 원인을 바꿔 보세요. 즉 일찍 일어나면 좋은 인연이 생깁니다. 나갈 때까지 여유가 있으므로 느긋하게 식사할 수 있고 준비도 제대로 할 수 있습니다. 아침 식사를 준비하기 위해 움직이므로 몸도 깨어나고 뇌도 활발하게 활동하기 시작할 것입니다.

식사 후 차를 즐기면서 상쾌한 머리로 신문을 보면 새로운 정보를 얻을지도 모르고, 일에 대한 아이디어가 떠오르는 경우도 있겠지요. 출근하는 지하철 안에서는 회의 때 발언하려고 생각하고 있는 내용을 재확인하거나 논의 전개 방법을 체크할 수도 있습니다.

　아침을 '큰일 났다. 어떡하지?'로 시작하는 것과 '자, 오늘 하루도 열심히 하자'로 시작하는 것의 결과는 명백하게 달라집니다. 불교에서 말하는 '양인양과 악인악과良因良果, 惡因惡果', 즉 좋은 원인에는 좋은 결과가 따라오고 바르지 못한 원인에는 바르지 못한 과보가 돌아온다는 이치 속에서 우리는 살고 있습니다. 그날의 나를 정돈하고 하루를 아름답게 살아가기 위한 열쇠는 아침이 쥐고 있습니다.

5분이라도 청소한다

'첫째 청소, 둘째 신앙.'

글자 그대로 먼저 해야 할 일은 청소이고 신앙은 청소한 다음의 일이라는 의미로, 선의 사상을 상징하는 사고방식입니다. 부처님께 두 손을 모으거나 좌선을 하거나 불경을 읽는 것보다 청소를 하는 것이 먼저라니 이상하게 들릴지도 모르겠습니다.

그러나 청소를 하는 것은 깊은 의미를 지니고 있습니다. 여러분도 청소 후 깨끗해진 방에 서면 '아, 기분 좋다'라고 느낄 것입니다.

티끌이나 먼지를 완전히 닦아내고 신변을 정돈하는 것

은 마음을 정돈하는 것에 직결되어 있습니다.

마음에도 티끌이나 먼지가 쌓입니다. 그 대표적인 것이 고민이나 방황, 불안감, 욕망 같은 것들입니다. 한마디로 말하면 번뇌인데 아름다운 삶에 방해가 되는 것이 이 번뇌입니다.

열심히 청소를 하고 있으면 마음의 티끌과 먼지가 떨어져 나갑니다. 끝낸 후의 상쾌함이나 산뜻한 기분은 티끌과 먼지가 사라졌기 때문에 생겨나는 것입니다.

아침에 가장 잘 어울리는 것은 그렇게 정돈된 마음 상태입니다. 그래서 5분이라도 괜찮으니 아침 청소를 권하고 싶습니다. 날마다 청소할 곳을 정해서 오늘은 부엌 싱크대, 내일은 전자레인지, 모레는 화장실, 그다음엔 현관…… 이런 식으로 하면 5분 만에 충분히 깨끗하게 만들 수 있습니다.

청소하는 동안은 닦는 것, 윤기를 내는 것, 깨끗하게 청소하는 것에 전념하며 아무것도 생각하지 않습니다. 일주일, 열흘 단위로 주요 부분을 차례차례 청소하기로 정해

놓으면, 한 바퀴 돌고 나면 집 전체가 깨끗해집니다.

  이 '5분 청소'는 계속하는 것이 중요합니다. 방을 깨끗하게 유지하는 일은 언제나 정돈된 마음으로 있는 것입니다. 게으름을 피우면 티끌과 먼지는 어디에선가 내려옵니다. 꼭 깨끗하게 지내는 습관을 지키세요.

일어나자마자 TV를 켜지 않는다

눈을 뜨고 침대에서 일어나면 맨 먼저 무엇을 하나요? 자, 여러분의 대답은 무엇일까요? 통계를 내 보면 '맨 먼저 TV를 켠다'는 대답이 상당한 비율을 차지하지 않을까 생각됩니다.

대부분의 사람들이 TV 프로그램을 본다기보다는 시계 대신 TV를 켜 놓고 있는 것은 아닐까요? 화면에 표시되어 있는 시각을 확인하면서 생각합니다. '이제 슬슬 아침을 먹어야겠네', '빨리 옷 갈아입어야지', '2분 안에 안 나가면 버스 놓치겠네'…… 매일 아침 이런 광경이 반복되는 것은 아닐까요?

그 결과 식사도, 옷을 갈아입는 것도 모두 '하면서'가 되어버립니다. 앞에서 '끽다끽반喫茶喫飯'이라는 선어를 소개했듯이 TV를 보면서 식사를 하면 식사에 전념하기는커녕 끊임없이 보내오는 조각조각의 정보를 조급하게 '주워 먹게' 됩니다. 이래서는 기계적으로 음식을 입에 넣는 것일 뿐, 마음은 거기에 없는 따분한 아침 식사가 됩니다.

아침 시간에는 TV를 끄세요. 그리고 식사도, 옷 갈아입기도, 준비도, 아침에 해야 할 일 전부를 정중하게 마음을 담아 해 주세요. 일찍 일어나는 것이 습관이 되어 있어 시간에 여유가 있다면 간단한 체조로 몸을 움직이는 것도 좋겠지요? 하루의 활동에 더할 수 없이 좋은 워밍업이 될 테고 시원한 땀을 샤워하면서 흘려보내면 일을 향한 완벽한 임전 태세가 갖추어집니다. 꼭 보고 싶은 프로그램이 있다면 그것들 모두를 끝낸 후에 본다고 정해 놓으면 아침의 리듬이 깨지는 일은 없습니다.

실제로 TV를 끄고 일련의 아침 행동을 해 보면, TV를 켠 채로 할 때보다 현저히 시간이 단축된다는 것을 알게 됩니다.

  아침 시간이 한층 바쁘게 느껴지는 것은 무심코 TV에 주의를 뺏겨 하나하나의 움직임과 몸가짐에 쓸데없는 것이 많이 끼어들고 느려지기 때문입니다. 처지지 않고 활기찬 아침이…… 아름답겠지요?

걷는 즐거움을 만끽한다

5분간의 아침 청소와 함께 습관화하면 좋은 것이 '걷기'입니다. 현대인의 일상생활에서는 걸을 기회가 극단적으로 줄어들었습니다. 집과 가까운 버스정류장에서 버스를 탄 후 지하철을 갈아타고 회사에 도착, 역에는 에스컬레이터가 있으므로 회사까지 가면서 걸을 일이 거의 없습니다.

회사에서는 하루 종일 책상에 앉아 일을 하고, 퇴근 후에는 아침에 왔던 길과 반대로 집에 옵니다. 그 중에는 영업 등 '발품을 파는' 직종도 있지만, 걷지 않는 날들을 보내는 사람이 더 많지 않을까요?

걸으면서 하반신 근육을 적절히 쓰는 것은 건강의 요체

입니다. 정돈된 아름다운 자세도 그 토대인 하반신이 약해져버리면 유지할 수 없습니다.

'좋아, 그럼 걷자. 먼저 운동복과 운동화부터 사야지…….'

이런 것에 의욕을 보이지 말고 아침에 마음대로 걸어 보는 것으로 산책을 시작하면 어떨까요?

이른 아침은 하루 중 가장 투명한 시간대입니다. 그런 가운데 잠에서 막 깬 몸을 움직이는 것은 굉장히 기분이 좋은 일입니다. 깨달음이나 발견이 있는 것도 걷는 즐거움 중 하나지요.

'집에서 이렇게 가까운 곳에 공원이 있었구나. 작아서 눈치채지 못했는데 꽃이 많이 심어져 있네. 계절마다 어떤 꽃이 피는지 봐야지.'

'아, 아침 일찍 문을 여는 수제 빵집이 있는 줄 몰랐네. 다음에 한번 사 먹어 볼까.'

깨달음이나 발견은 인생의 새로운 만남입니다. '꽃을 만나면 꽃과 하나가 되고 달을 만나면 달과 하나가 된다逢花

打花 逢月打月'는 선어가 있습니다. 꽃을 만나면 그 꽃을 즐기고, 달을 만나면 그 달을 가슴속 깊이 느끼는 것이 좋다는 의미입니다.

그때그때의 만남을 그대로 받아들여 즐기자는 것이지요. 그런 기분으로 걷고 있으면 분명 마음이 풍족해질 것입니다.

일어나면 창문을 연다

지금까지의 아침이 확 바뀌는 간단한 방법이 있습니다. 일어나면 창문을 활짝 엽니다. 방에는 전날부터 쌓인 공기가 고여 있는데 그것을 확 바꾸어 상쾌한 아침 공기를 마음껏 들이마시며 방과 마음과 몸의 기분을 전환합니다. 베란다에 나가 천천히 3~4회 심호흡을 합니다. 체내 공기가 새로운 것으로 바뀌면 마음도 새로워집니다.

저는 아침 5시에 일어납니다. 가장 먼저 하는 일이 본당을 비롯해 영빈관이나 부엌 등의 덧문을 열고 아침 공기를 들이마시는 것입니다. 해외나 지방에 있을 때는 못하지만, 절에 있으면 매일 그 일을 반복합니다.

자연은 날마다 바뀌어 하루도 같은 날이 없습니다. 그 변화가 온몸으로 느껴집니다.

"봄에는 꽃, 여름에는 소쩍새, 가을에는 달, 겨울에는 눈, 상쾌하고 맑다."

도겐 선사가 지은 노래로, 천지 모든 곳에 각각 나타나 있는 사계는 다른 모습을 하고 있지만 비교할 수 없이 모두 멋지고 상쾌하다는 뜻이지요. 아침은 사계절의 아름다움을 그때그때 실감할 수 있는 최고의 시간입니다.

수행 중인 운수는 '효천좌선曉天坐禪'을 합니다. 아직 아침이 밝기 전부터 좌선을 하며 하루를 시작하는 것이지요. 깊이 숨을 들이마시며 조용하게 자연의 변화를 느끼고 마음과 몸을 정돈하는 것은 이후의 수행에 임하기 위해서입니다.

아침을 어떻게 보내느냐에 따라 하루하루는 완전히 달라집니다. 설마 "커튼을 열지 않은 날이 꽤 있다"고 말하는 사람은 없겠지만, 그런 흐리멍덩한 사람들의 하루가 어떤 모습일지는 쉽게 상상할 수 있겠지요. 마음도 몸도 느슨해진 무위의 시간이 흘러가는 것은 아닐까요? 아침을 소중히 여기는 사람은 하루를 소중히 여기는 사람이며, 인생을 열심히 소중히 사는 사람입니다.

하루에 한 번 큰 소리를 낸다

그날의 몸 컨디션을 아는 것은 '좋은 하루'를 보내는 데 있어 빠뜨릴 수 없는 요소입니다. 몸 컨디션을 알기 위해서는 아침에 복식 호흡을 하고 배에서 큰 소리를 내 보는 것입니다. 저는 아침에 본당 구석구석으로 소리가 퍼지도록 독경을 하는데, 첫 마디로 그날의 컨디션을 알 수 있습니다.

컨디션이 좋을 때는 스스로도 기분이 좋을 정도로 배 아래쪽으로부터 힘 있게 울리는 소리가 나와 본당 내의 공기가 흔들리는 것을 느낄 정도입니다. 그런데 컨디션이 좋지 않으면 목이 잠깁니다.

소리로 컨디션을 확인하면 그날의 행동 지침도 분명해집니다. '컨디션이 좋아서 오늘은 일을 많이 해도 괜찮겠군', '오늘은 좀 조심해야겠어. 무리해서 드러눕게 되면 큰일이야'라는 식이지요. 소리가 컨디션 관리의 유용한 잣대가 되고 있는 것입니다.

누구에게나 권하고 싶은 것으로 아침에 한 번 큰 소리를 내 보면 어떨까요? 관심이 있다면 불교의 진수가 적혀 있는 「반야심경」을 외워 큰 소리로 말해 보길 권합니다만, 경문의 제목을 포함해 불과 276자 정도라고 해도 암송하려면 하루아침에 되지는 않습니다.

자신이 좋아하는 말이나 마음에 드는 시의 한 구절은 어떨까요? 누구나 소리 내어 말하면 힘이 나는 말이나 마음에 남아 있는 문구가 있을 것입니다. 인터넷으로 '명언'이라는 제목이 붙은 사이트를 쭉 보면 아이다 미쓰오의 '실패해도 괜찮아, 인간인데 뭐', '행복은 언제나 마음에 달려 있다', 가네코 미스즈의 '모두 달라서, 모두 좋아' 등 많은 글귀를 찾을 수 있습니다. 그냥 '안녕!', '좋~아!'라는 소리를 내 보는 것만으로도 좋습니다.

   배에서 큰 소리를 내면 컨디션을 알 수 있을 뿐만 아니라 기분도 시원해집니다. 내일부터 '하루에 한 번의 소리'를 실천해 보세요.

그날 일은 잠들기
세 시간 전에 끝낸다

어떤 일에 대해서든 제대로 '구별'을 하는 것. 이것도 아름답게 사는 방법의 필수조건이라고 생각합니다. 어쩔 수 없는 일에 언제까지나 붙잡혀 있으면, 지금 내가 정말로 해야 할 일을 보지 못하고 신념이나 결단력이 없는 우물쭈물한 삶이 되어버릴 수 있습니다.

집 현관에 한 걸음 들어서면, 일에 대한 것은 전혀 생각하지 않고 가족에게도 말하지 않는다는 원칙을 철저히 지키는 사람이 있습니다. 구별을 하는 방법이 능숙한 좋은 예인데, 그 요령은 스스로 경계선을 정하는 것이겠지요. 즉 집 현관을 경계선으로 그 안과 밖의 마음을 확실하게 전환하는 것입니다. 구분을 명확히 하여 전환하므로 해야 할 일이 보이고 거기에 전력할 수 있는 것입니다.

지금 말한 것은 공간적인 경계선인데, 시간적으로도 경계선을 정해 두는 것이 좋습니다. 잠들기 세 시간 전을 경계 삼아, 거기서 그날 일을 끝내버리는 것입니다. 일의 실수나 인간관계의 트러블이 있었다고 해도 일단 종지부를 찍는 것이지요. 반대로 기분이 들뜨는 일이나 기쁜 일이 있어도 여운을 질질 끌지 않도록 합니다.

하루를 끝내는 구별의 말은 '오늘도 좋은 하루였다!'입니다. 실수나 트러블이 있었던 날은 좋은 날이었다고 말할 수 없다고 생각할지 모릅니다. 그러나 그렇지 않습니다. '일일시호일日日是好日(날마다 좋은 날)'이라는 선어를 떠올려 주세요.

매일매일 모든 것이 잘되어 행복감으로 채워지는 일은 없습니다. 괴로운 일이 생기기도 하고 외로워하기도 하겠지요. 그러나 그것도 '좋은 날'이라고 선어는 가르칩니다. 괴로움이나 외로움도 다른 누군가가 아닌, 그날의 당신만이 가질 수 있었던 경험입니다. 그리고 이후 두 번 다시 맛볼 수 없을지도 모르는 경험으로 그것은 언젠가 삶의 양식이 됩니다. 그러니까 어떤 하루라도 여러분에게 더할 나위 없이 소중한 것, 좋은 날로 받아들여야 할 것입니다. 자, 이제 잠들기 세 시간 전, 지금 가슴에 새긴 말로 하루의 구별을 해 주세요.

좌선으로
차분하게 밤을 보낸다

⋯⋯⋯

밤에 잠들기 전의 시간을 어떻게 보내고 있나요? 퇴근길에 회사 동료나 학창 시절의 친구들과 술집으로 몰려다니고 기분 좋게 놀다 보니 벌써 막차 시간 직전. 어떻게든 집에 도착해 침대에 쓰러져 바로 폭풍 수면…….

요즘은 '여자회'라고 하는, 여성들만 모이는 남자 금지 파티도 많은 것 같고 가끔씩 그런 날이 있어도 괜찮다고 생각하지만, 그것이 날마다 습관화되면 곤란합니다.

선 수행의 하루는 '야좌夜坐'라는 좌선으로 끝납니다. 조동종의 좌선은 '지관타좌只管打坐'라고 합니다. 오로지 앉는 것. 아무것도 마음에 담지 않고, 부처님 일마저도 잊고 앉는 것을 도겐 선사는 가장 고귀한 최상의 수행으로 여겼습니다.

수행승은 좌선으로 자세와 호흡이 정돈되고 조용한 마음이 된 상태로 수면에 들어갑니다. 자기 전의 이상적인 모습이지요. 물론 수행 중이 아닌 여러분에게 똑같이 하라고 할 생각은 없습니다. '그렇구나~' 정도로 받아들여 주세요.

다만 잠자리에 들기 전 각자의 방식으로 조용하고 온화하게 시간을 보내야 한다고 생각합니다. 책을 읽는 것도 좋고 음악을 듣는 것도 괜찮습니다. 아로마 오일을 피우고 긴장이 풀리는 향기를 맡는 것도 좋지요. '적당량'의 알코올을 즐기는 것도 '있을 수 있음'이겠지요.

중요한 것은 그 시간을 '아, 좋다'라고 느끼는 것입니다. 그것은 마음이 조용하고 침착하고 온화하게 안정되어 있는 상태로, 호흡이 정돈되면서 몸도 피로를 회복하게 됩니다.

긴 시간이 아니어도 좋습니다. 15분이나 30분이라도 오로지 그것을 하고 있는 것을 기분 좋게 느끼는 한때를 가져 주세요. 그런 자신만의 '야좌'만큼 하루의 마무리에 어울리는 몸가짐은 없다고 생각합니다.

같은 시간에 잠자리에 든다

·········

 일을 하는 사람이나 학교에 다니는 사람은 아침에 일어나는 시간이 거의 정해져 있습니다. 날마다 일어나는 시간이 들쑥날쑥한 경우는 없지요. 그 기상 시간부터 하루의 리듬이 시작됩니다.

 좋은 상태로 아침을 맞고 리듬을 잘 잡아 가면 자연스럽게 몸도 마음도 정돈된 하루를 보낼 수 있습니다. 그런데 밤샘을 하고 수면 시간이 평상시의 반밖에 안 된다면 어떨까요? 일어나는 시간은 같아도, 이미 몸의 리듬은 깨져 있습니다.

 '아, 머리가 무거워', '몸이 나른해서 죽겠네', '오늘은 회사 갈 마음이 안 생겨'…… 눈을 뜨자마자 이런 느낌이 든다는 것은 바로 리듬이 깨져 있다는 증거로, 몸도 마음도 정돈되어 있지 않다는 것입니다. 이렇게 시작되는 하루가 우울해지는 것은 말할 필요도 없을 것입니다.

자는 시간에 따라 어떤 아침을 맞이할지가 정해집니다.

선 수행에서는 기상에서 취침까지 하루의 행동이 세밀하게 분 단위로 정해져 있습니다. 예를 들어 제가 탁발 수행을 했던 소지지總持寺에서는 탁발승들의 기상 시간이 오전 4시, 취침 시간은 밤 9시로 엄격하게 지켜집니다.

심신이 모두 정돈된 상태로 낮의 수행에 집중하기 위해서는 자는 시간, 그리고 일어나는 시간이 항상 일정한 것이 대단히 중요하기 때문입니다.

여러분은 자는 시간에 의외로 무관심하지 않나요? 기상 시간과 달리 취침 시간은 그날 되어 가는 대로 하지 않나요? 일이나 사람들과의 교제로 귀가 시간이 늦어져 취침 시간이 늦어지는 것은 어쩔 수 없다 해도, 가능한 한 같은 시간에 자도록 하세요. 밤샘을 해도 나중에 한꺼번에 자면 괜찮다고 하는 사람이 있지만, 수면 보충은 효과가 없습니다. 수면은 결산 맞추기가 안 되는 것입니다.

멍하게 TV를 보면서 깜빡 졸다가 '어, 시간이 벌써 이렇게 됐네. 잘까?' 하는 밤과는 이제 결별해 주세요.

잘 때 불을 그대로 켜 놓거나 TV를 켜 두거나 음악을 듣는 사람도 있는데, 빛도 소리도 숙면을 방해합니다. 특히 TV 화면의 번쩍이는 자극은 수면의 큰 적입니다.

떠오르는 태양의 빛과 함께 일어나고, 해가 지고 어둠이 가득해지면 몸도 쉬게 하며 조용한 분위기에서 잠드는 것이 원래 자연스러운 인간의 모습입니다. 태양의 활동과 보조를 맞추는 생활 리듬이 우리들 수명에 가장 바람직한 것입니다. 좋은 잠을 지켜 주는 것은 조용함, 그리고 어두움입니다.

특히 세계적으로 에너지 문제가 심각한 오늘날 한 사람, 한 사람이 에너지 소비를 줄이는 에코 라이프는 지구를 생각하는 '착한 삶'으로, 그 착함은 어딘가에서 아름다움으로 연결되어 있습니다.

자기 전에 걱정하지 않는다

여러분은 이런 생각을 해본 적 없나요?

'왜 밤이 되면 생각에 잠기는 걸까? 그것도 불안이나 걱정거리만 떠오른단 말이야. 이상해.'

분명히 이상합니다. 일 문제나 인간관계 혹은 연애에 대해 이것저것 걱정하거나 불안감을 느끼거나 생각에 잠기는 것은 어김없이 밤에 혼자 있을 때입니다.

그렇다면 생각에 잠긴 결과는 어떤가요? 이것도 거의 같은 과정을 거쳐 같은 곳에 도달합니다. '그건 아니야, 이것도 아니야'라는 식으로 생각하는 와중에 걱정이나 고민은 점점 깊어져 불안이 불안을 부르고, 고민이 고민을 증

폭시키고, 괴로워서 잠을 못 이루고 '절망적'인 기분이 됩니다. 그렇지 않나요?

환경은 생각이나 행동에 적지 않게 영향을 미칩니다. 깊은 밤 어둠 속에 혼자 있다는 환경이 심리적으로 작용하여 비관적인 생각을 하게 됩니다. 생각이 억눌림의 소용돌이에 빠진다고 할 수 있습니다.

그 증거로, 잠 못 드는 밤이 지나고 아침이 되면 절망적으로 느껴졌던 것들이 대부분 '뭐야, 큰일 아니잖아', 이렇게 됩니다. 아침의 그 느낌이 걱정거리나 고민의 정확한 수준입니다. '좋은 생각도 떠오르지 않는데 공연히 궁리만 하고 있는 것은 쉬고 있는 것과 같다'라는 말이 있습니다. 거기에 따르자면 '밤에 생각하는 것은 그만두는 것이 상책'입니다. 그러기 위해서는 걱정거리의 본질, 불안감의 정체를 알아야 합니다.

선의 시조인 달마 대사達磨大師와 그 후계자인 혜가 대사慧可大師 사이에 다음과 같은 문답이 있었다고 전해집니다.

혜가는 수행을 거듭하던 중에 아무리 해도 불안감을 떨

치지 못해 고민합니다. 거듭되는 고민 끝에 어쩔 도리가 없어 혜가는 스승에게 상담을 청합니다.

"아무리 수행을 해도 불안해서 견딜 수가 없습니다. 어떻게든 이 불안을 없애 주실 수 없습니까?"

이야기를 들은 달마는 아무렇지도 않게 말합니다.

"그런가? 알았네. 당장이라도 불안을 없애고 자네를 안심시켜 주지. 그러니까 그 불안인지 뭔지를 여기 가져오게나."

혜가는 불안을 찾지만 아무리 찾아도 발견할 수 없었습니다. 그래서 솔직하게 스승께 고합니다.

"불안을 찾아봤지만 어디에도 보이지 않습니다."

그러자 달마는 이렇게 말합니다.

"자, 자네의 불안을 없앴네. 이제 안심할 수 있겠지?"

그리하여 혜가는 깨달음을 얻게 됩니다. 과연 무엇을 알게 되었을까요? 불안에 실체 따위는 없다는 것을 혜가는 깨달았습니다. 불안은 자신의 마음이 제멋대로 만들어낸 것에 지나지 않습니다. 아무리 무겁게 짓누르고 있다고 생각되어도 마음을 조금 바꾸면 사라져버리는 것. 이것이 걱정거리, 불안의 정체입니다.

밤, 불안감에 마음을 점령당할 것 같으면 이 이야기를 떠올리세요. 찾아도 보이지 않으니까 팽개쳐 두자. 그렇게 생각할 수 있습니다. 반드시!

옷이 마음을 표현한다

·········

프랑스의 패션 디자이너 이브 생 로랑은 '패션은 삶의 방법이다'라고 말했습니다. 사실 자신이 선택하여 입는 옷은 삶의 방향을 반영하고 있으며 그때그때 자신의 마음을 나타내는 것이라고 생각합니다.

예를 들어 사업상 '오늘은 거래처의 이사님께 처음으로 인사하는 날'이라면, 실례가 되지 않고 호감을 줄 수 있도록, 이쪽의 의지가 전해지도록…… 이런 점을 생각할 것입니다. 그런 생각이 옷을 선택할 때 반영됩니다. 디자인은 격식에 맞게, 색깔이나 모양은 화려하지 않고 점잖게, 가방은 핸드백보다 비즈니스 가방을…… 이렇게 되는 것입니다. 한여름에도 시원한 복장을 선택하지는 않습니다. 남성도 이때만은 평소와 달리 넥타이를 단정하게 매고 가겠지요.

입는 옷에 마음이 드러나고 있는 것입니다. 마음이 끌리는 사람과의 첫 데이트 때는 샤프하고 튀는 디자인보다는 따뜻하고 부드러운 분위기의 옷을 선택하지 않나요? 그럴 때의 자기 마음을 들여다보면 상냥함이나 솔직함을 드러내고 싶다는 생각이 반드시 있을 것입니다.

입장을 바꾸어 생각하면 상대방은 당신이 입는 옷으로 그 마음을 간파하는 것입니다. 최근에는 오히려 거칠고 헐렁한 패션이 멋쟁이의 트렌드가 되기도 합니다. 그러나 옷차림이 깔끔하지 못하면 비록 상대에 대한 마음에 성의가 넘친다고 해도 제대로 전해지지 못하지 않을까요?

옷을 입을 때는 '마음'과 '입는 것'이 조화를 이루는지 체크해 보세요. 두 가지가 꼭 맞을 때 가장 자기다운, 그 순간의 당신을 나타낼 수 있을 것입니다.

오래 입을 수 있는 옷을 고른다

몸에 지니는 것들에 관해서는 두 가지 생각이 있는 것 같습니다. 하나는 수적으로 많은 것을 가지고 가능한 한 언제나 다른 패션을 연출한다는 것이고, 또 하나는 좋은 것을 사서 오랫동안 소중히 입는다는 생각입니다. 질보다 양인가, 양보다 질인가? 그것입니다.

유행은 눈부시게 바뀝니다. 그것을 쫓으면 필연적으로 가짓수가 많아지겠지요. 주변에서 "항상 최첨단이야, 멋있네"라는 소리를 들을지도 모릅니다. 그러나 일단 유행이 지나면 거기에 맞춰 줄줄이 사들인 옷들도 입지 않게 됩니다. 패션으로 주장하는 것이 '유행'이기 때문입니다.

한편, 좋은 것을 사는 경우 가격이 높기 때문에 차분히 음미하게 됩니다. 내게 어울리는지, 어떤 나를 연출할 수 있을지, 금방 싫증나지는 않을지…… 여러 가지 요소를 생각해 본 뒤 결단을 내리는 것이기 때문에 당연히 소중히 여기게 되고 한두 계절 입다 말지는 않을 것입니다.

이런 경우, 주장하는 것은 '유행'이 아니고 '나 자신'입니다. 자신을 주장하기에 어울린다고 생각하여 선택한 옷은 5년, 10년이 지나도 계속 입을 수 있습니다. 유행과 달리 자신이 한물간다는 것은 있을 수 없는 일이니까요.

가치관의 문제이므로 어느 쪽이 좋다 나쁘다 말할 수는 없습니다. 단지 저는 정보를 수집하여 그것을 쫓는 '유행'을 입는 것보다, 자기 자신과 마주 보고 잘 생각해서 선택하는 사람이 보다 사려 깊고 옷에 대한 애착도 있으며 결과적으로 빛날 수 있다고 생각합니다.

"그녀를 보면 한눈에 요즘의 유행을 알 수 있지. 걸어 다니는 패션 잡지 같아."

"그녀의 센스는 언제나 통일감이 있단 말이야. 본인을

잘 알고 그것을 잘 드러내고 있어."

평가는 이런 식으로 나뉠 것입니다. 어느 쪽이 더 아름다운 삶일까요?

청결하다는 것

⋱⋯⋰

옷차림을 말끔하고 청결하게 하는 것이 중요하다는 것은 몸과 마음이 연결되어 있기 때문입니다. 청결한 사람은 마음도 상쾌하다는 인상을 줍니다.

비싸 보이는 옷을 입고 있어도 소맷부리가 더러우면 호감도는 뚝 떨어집니다. 비싸지 않은 옷이라도 청결하고 세제 향이 배어나는 것 같은 깔끔한 차림이라면 호감도는 급상승합니다.

'확실히 입고 있는 옷은 비싸 보이지만 세심한 배려를 못할 사람이야. 아마 방도 어질러져 있겠지.'

전자가 이런 식으로 생활 모습까지 쓸데없는 억측을 하

게 만드는 데 비해, 후자는 '상큼하네. 이만큼 신경을 쓰는 사람이라면 반드시 다른 사람에게도 세심하게 배려할 수 있을 거야'라는 인상을 줍니다.

이 차이가 크다고 생각하지 않나요?

옷차림에서 아름다움의 토대가 되는 것은 청결함입니다. 불안정한 토대 위에 세운 집은 언제 무너져도 이상하지 않은 것처럼, 청결함이라는 토대가 확실히 갖춰져 있지 않으면 아무리 화려하게 꾸며도 진짜 아름다움, 상쾌함을 느낄 수 없습니다. 우선 토대를 확실히 갖추세요.

자신에게 어울리는 옷 색깔

....

옷차림을 갖추는 데는 '색깔'도 중요합니다.

피부색과 옷의 색깔은 보색 관계라고 생각합니다. 피부색이 흰 사람은 빨강이나 남색 옷을 입으면 잘 어울리고, 검은 사람은 흰색이나 엷은 색깔의 옷을 입으면 돋보인다는 것은 확실합니다. 평소에 '이 색이 어울릴까?', '이건 얼굴이 좀 칙칙해 보이지 않을까?'를 민감하게 체크하며 색채 감각을 익히면 좋겠지요.

그 감각을 연마하면 자신에게 어울리는 색을 알게 됩니다. 기조가 되는 색깔을 하나 알게 되면 옷이나 소품을 갖추기도 수월합니다. 그 색과의 조화를 고려해서 고르게 되므로 엉뚱한 색깔이 섞일 리 없고, 상하의 조화를 바꾸는 등 효과적으로 옷을 갖춰 입을 수 있게 됩니다.

선에서는 옷의 색깔이 위치를 나타냅니다. 가장 높은 위치의 색은 보라색으로, 그것도 멀리서 보면 검은 빛을 띠는 짙은 보라색입니다. 보라색 염료가 드물고 귀중했기에 최고 위치의 선승에게만 보라색 옷을 입는 것이 허락되었습니다. 그다음은 불그스름한 보라색, 그리고 황색, 주홍색의 순서로 지위가 구별됩니다.

이것은 제 생각인데요, 색은 그 지역의 기후와 깊이 관련되어 있는 것 같습니다. 예를 들면 맑고 푸른 하늘이 펼쳐지는 날이 많은 지중해 지역에서는 원색이 어울리고 사람들도 원색을 좋아합니다. 한편 북유럽 쪽은 흐린 날이 많아 색도 자연스럽게 거무스름한 것이 주류를 이루는 것 같습니다.

실제로 이탈리아나 그리스, 그리고 덴마크나 스웨덴을 비교하면 거리의 색 배합이나 사람들이 입는 옷 색깔이 대조적입니다. 미국에서도 뉴욕, 보스턴 등 동부 지역과 로

스앤젤레스, 샌프란시스코 같은 서해안을 비교해 보면 마찬가지로 구분됩니다.

일본은 사계절이 뚜렷한 데다 기후도 다채롭습니다. 사계를 '청춘靑春', '주(적)하朱(赤)夏', '백추白秋', '환(흑)동幻(黑)冬'으로 색과 관련지어 부르는 것은 중국의 오행설에서 비롯되었지만, 일본인들은 색에 대해 다채롭고 섬세한 감각을 가지고 있습니다. 빨강 계통의 색만 봐도 '암적색茜色', '연지색臙脂色', '짙은 분홍색今樣色', '주황색柿色', '진홍색唐紅', '연분홍색鴇色' 등 미묘한 색 차이에 따른 절묘한 표현이 있습니다. 기타하라 하쿠슈北原白秋(1885~1942년, 일본의 시인이자 동요작가-옮긴이)가 작사한 「조가시마의 비城ヶ島の雨」라는 가곡에 '리큐네즈미利休鼠의 비가 내린다'라는 구절이 있는데, 리큐네즈미는 녹색이 섞인 회색을 말합니다.

색을 선택할 때 자연스럽게 계절감을 생각하거나, 지역의 기후를 생각하게 되면 한 단계 더 멋있는 인간으로 성장할 수 있습니다.

때와 장소와 상황에 맞게

·········

 옷차림과 떼려야 뗄 수 없는 것이 TPO(때, 장소, 상황)입니다. 아무리 빈틈없이 옷차림이 정돈되어 있다 해도 TPO에 맞지 않는다면 주위의 빈축을 사게 마련입니다. '심지체心技體'라는 말이 있습니다. 옷차림으로 말하자면 '체'는 자세와 몸가짐, '지'는 꾸밈, 그리고 '심'에 해당하는 것은 분별이라고 생각합니다.

 분별이 '아슬아슬한' 상태가 되기 쉬운 것이 요즘에는 결혼 피로연이지요. 피로연은 하객에게도 즐거운 자리이므로 맘껏 멋을 내는 것이 이해가 되지만 무대의 주역은 신랑신부입니다. 하객은 조연으로 있어야 주연이 빛난다는 것을 결코 잊어서는 안 됩니다.

호화로움과 화려함이 신부를 능가하지 않는 것, 이것이 철칙입니다. 신부가 흰색 웨딩드레스를 입기 때문에 하객은 흰색 드레스를 입지 않아야 합니다. 신부보다 눈에 띄는 흰색 파티드레스로 눈길을 끌면 분위기는 싸늘해지겠지요.

피로연을 '결혼으로 가기 위한 절호의 찬스'라고 생각한다고 해도 도를 넘어선다면 자기 어필을 해도 마이너스입니다.

불교에는 '이타利他'라는 말이 있습니다. 남을 이롭게 하는 것, 즉 나의 일보다 남의 일을 생각하는 것, 이것이 분별의 근본입니다. 이타를 실천하는 모습에서 인간으로서의 아름다움이 그대로 드러납니다. 그 이상의 어필은 없는 것이지요.

장례식에서도 분별이 필요합니다. 부고는 갑자기 듣게 되므로 만사 제쳐놓고 달려왔다는 의미로 장례 복장을 입고 가지 않는 것이 좋다는 말도 있습니다. 그러나 요즘은 돌아가신 그날에 밤을 새는 경우가 거의 없습니다. 하루 이틀 후에 밤을 새야 한다면 장례 복장을 갖추어 입는 것이 분별이라고 생각합니다.

덧붙여서 조의금 봉투의 글자는 엷은 먹빛으로 써야 하는데, 그 이유는 먹을 갈고 있는 동안 고인에 대한 추모의 눈물이 흘러 먹이 엷어지게 되었다는 의미라고 합니다. 그러나 충분히 먹을 갈 시간도 없이 급하게 썼기 때문에 엷은 먹빛이 되어버렸다는 것이 올바른 이유입니다.

장례에서의 인사도 분별이 필요합니다.

"얼마나 애통하십니까"가 통상적인 인사이지만 TPO를 고려하여 다른 표현도 가능합니다. 가장 사랑하는 사람을 잃고 유족이 슬픔에 잠겨 있을 때는 "얼마나 상심이 크십니까. 애도의 말씀을 드립니다"라고 말할 수 있고, 유족이 장기간에 걸쳐 고인의 병수발을 하느라 고생한 경우라면 "충분히 잘해 드렸습니다"라는 말이 마음을 달래 주는 경우도 있습니다.

분별에는 상황을 올바르게 간파하는 '식별력'도 필요합

니다.

관혼상제를 비롯해 분별이 필요한 순간을 언제 맞닥뜨릴지 모릅니다. 그럴 때 헤매거나 당황하게 되면 분별의 근본인 '이타'의 마음을 떠올려 보세요. 그것을 따르면 문제없습니다!

꽃을 가까이한다

⋯⋯⋯

　방 안에 꽃이 있다면 그것만으로도 생활에 변화가 찾아옵니다. 꽃은 메마르고 스산한 방을 마음이 온화해지는 공간으로 만드는 힘이 있습니다. 꽃을 즐기는 문화는 동서양에 관계없이 옛날부터 있어 왔지만 즐기는 방법은 서로 다른 것 같습니다.

　유럽과 미국의 꽃꽂이는 색과 볼륨에 중점을 둡니다. 형태는 여러 가지가 있지만 색깔이 선명한 꽃을 많이 곁들여 화려한 세계를 표현하는 공통점이 있다고 생각합니다.

　일본에서 꽃꽂이가 표현하는 것은 '마음'입니다. 나를 위해 혹은 맞이하는 손님을 위해, 정성껏 마음을 담아 꽃을 고르고 꽃의 생명에 마음을 맡깁니다. 한마디로 마음을 담아 생명을 소생시킨다고 할 수 있습니다.

무더운 여름에 누군가를 맞이할 때 '조금이라도 시원함을 느끼면 좋을 텐데' 하는 마음이 들지 않나요? 그래서 대나무로 만든 작은 꽃병에 나팔꽃 한 송이를 꽂아 현관에 둡니다. 시원한 나팔꽃의 파란색에 눈이 가면 누구라도 잠시 더위를 잊을 것입니다. 그리고 맞이하는 사람의 마음 씀씀이에 정답고 편안한 기분을 느낄 것입니다.

혼자 사는 사람의 휴일, 외출할 일도 없고 손수 만든 요리로 저녁 식사를 할 때 '왠지 좀 외롭다'는 기분이 들지도 모릅니다. 그럴 때는 요리가 놓인 식탁에 가장 좋아하는 꽃을 장식해 보면 기분이 한결 달라집니다.

'그러고 보니 홋카이도 여행 때 본 은방울꽃이 참 예뻤지' 등 즐거운 추억이 떠오르며 힘이 나기도 합니다.

때로는 꽃에 마음을 맡기거나 꽃과 대화하려고 하는 생활이 제법 멋지지 않나요?

낡은 것을 소중히 여긴다

·········

노벨 평화상을 수상한 케냐 여성 왕가리 마타이는 'MOTTAINAI(아깝다)'를 지구 환경을 지키는 국제어로 제창했습니다. 이 말의 발상지이면서도 대량 소비사회에 푹 빠져 있는 현대 일본인으로서는 뜨끔할 것입니다.

일회용 문화가 당연시되는 지금이야말로 낡은 것을 소중히 여기는 마음이 반짝반짝 빛납니다. 특히 손으로 만든 것은 풍치가 있고 나무 제품, 가죽 제품, 도자기 등 오래 써서 '세월의 정취'를 자아내는 물건이 적지 않습니다.

세상에 어느 하나라도 같은 것이 없다는 것은 손으로 만든 물건의 좋은 점입니다. 나무 제품이라면 같은 형태라도 나뭇결이 다르고, 도자기는 미묘하게 형태가 다릅니다. 물건 자체에서 만든 사람의 온기가 느껴지고, 그것만으로도 소중히 여길 가치가 있다고 생각하지 않나요?

낡은 것을 소중히 사용하는 것은 만든 사람과 이전에 사용했던 사람의 마음을 계속 받아들이는 것입니다. 심혈을 기울여 만든 사람의 뜨거운 마음, 소중하게 계속 사용해 온 사람의 검소한 마음이 물건을 통해 전해지는 것이지요. 그것을 받아들인다면 절대 함부로 다루지 못합니다.

예를 들어 친구 집에서 차를 마실 때, 친구가 찻잔에 대해 이렇게 말하면 어떤 인상을 받을까요?

"이 잔, 낡아 보이지? 실은 할머니가 쓰시던 거야. 할아버지와의 몇 번짼가 결혼기념일에 샀다고 하시더라고. 참 소중히 쓰셨는데…… 지금은 내가 쓰고 있지. 신기하다는 생각이 들어."

직접적으로 말하지는 않지만, 친구의 할머니 사랑에 가슴이 뜨거워지지 않을까요? 여러분도 이런 인상을 남길 수 있는 사람이 되세요.

후회하지 않고
걱정하지 않는다

·········

'그때 이렇게 했더라면 결과가 달라졌을 텐데!'

'5년 후 나는 어떻게 되어 있을까? 그때도 애인이 없으면 어떡하지?'

가끔 이런 생각이 소용돌이칠 때가 있지 않나요? 과거를 후회하고 장래에 불안감을 느끼는 것. 회한이나 불안의 내용은 각양각색이겠지만 누구나 경험하는 일이라고 생각합니다.

그러나 지나가버린 것은 바꿀 수 없는 사실로, 지금 아무리 후회해도 돌이킬 수 없고 다시 할 수 없습니다. 또 장래가 어떻게 될지는 그때가 되지 않으면 아무도 모르는 일로, 지금 조바심을 내 봐야 아무런 의미가 없습니다.

선에 '즉금卽今, 당처當處, 자기自己'라는 말이 있습니다. 즉금은 바로 지금, 당처는 자신이 있는 그 자리, 자기는 자기 자신이라는 의미입니다. '지금 하지 않으면 언제 때가 오겠는가? 지금밖에 없는 것 아닌가?(즉금)', '여기서 하지 않으면 도대체 어디서 하는가? 여기밖에 없는 것 아닌가?(당처)', '내가 하지 않으면 누가 하는가? 나밖에 없는 것 아닌가?(자기)'라는 뜻입니다.

'지금 자신이 놓여 있는 장소와 상황에서 해야 할 일을 스스로 열심히 하는 것. 그것이 살아 있는 것이다.'

선어는 이렇게 말하고 있습니다.

살아 있는 한순간 한순간이 중요합니다. 과거를 되돌아보거나 장래를 걱정할 틈이 없습니다. 해야 할 일, 할 수 있는 일을 지금 당신이 있는 이 순간, 이 장소에서 하는 수밖에 없습니다.

과거다, 장래다, '한눈팔기'를 하는 동안에도 삶의 시간은 흘러가고 있습니다. 지금을 응시하는 것을 잊으면 시간은 공허하게 지나가버립니다. 아깝지 않을까요?

　'방하착放下着'이라는 선어는 모든 것을 버리라는 말입니다. 과거도 장래도 내버려두면 됩니다.

제4장

사람과 세상을 마주 본다

인간관계는 인사로 시작된다

·········

　사람과 사람의 교류 및 대화는 인사에서 시작됩니다. 물론 비즈니스에서도 인사는 중요합니다. '인사도 제대로 못 하는' 상태라면 비즈니스맨으로서 실격의 낙인이 찍히는 것과 같습니다.

　인사는 내가 먼저 큰 소리로 합니다. 누구나 알고 있는 것 같지만 실제로는 잘 지켜지지 않습니다. 입안으로만 우물거리며 "안녕……"이라고 말하는 경우가 많습니다. 이쪽에서 기분 좋게 인사를 하면 상대방도 기분이 좋아져 말도 마음도 서로 반응합니다. 마음이 담겨 있지 않으면 상대방의 마음에 닿을 수가 없습니다.

인사는 '애찰挨拶'이라고도 쓰는데, 이는 원래 선어입니다. '挨', '拶' 두 글자 모두 '서로 민다'는 뜻으로, 두 선승이 서로 입씨름을 하는 가운데 마음속을 헤아려 상대의 깨달음이 어느 정도인지를 알려고 한다는 뜻입니다. 이것이 인사라는 단어의 본래 의미로, 인사는 마음을 움직이게 하는 것임을 알 수 있습니다.

인사의 포인트에는 한 가지가 더 있습니다. 그것은 '형形'으로서, 기분 좋은 인사말은 형태가 정돈되어야 몸가짐으로 완성되는 것입니다.

'화안和顏'이란 온화하고 상냥한 표정으로, 이것이 가장 중요합니다. 온화하고 상냥한 표정은 말에 한층 더 힘을 실어 줍니다.

비슷한 표현은 '애어愛語'로 보통은 '화안애어和顏愛語'라는 사자성어로 쓰입니다. 온화한 표정을 지으면 말도 자연스러워져 상대가 친밀감을 느끼게 된다는 뜻입니다.

'어선후례語先後禮'라는 몸가짐을 익혀 두세요. 먼저 상대방을 잘 보면서 "안녕하세요?"라고 말한 다음 정중하게 고개를 숙이는 것입니다. 이렇게 하면 말과 행동을 동시에 하는 것보다 말이 훨씬 잘 전달되고 몸가짐도 아름다운, '뭔가 다른' 인사가 됩니다.

글씨를 정성껏 쓴다

 컴퓨터 보급으로 글씨를 쓰는 일이 눈에 띄게 줄어들고 있습니다. 자타가 인정하는 '괴발개발(본인밖에 읽을 수 없는 악필)' 쓰는 사람에게는 더할 나위 없이 좋은 시대가 온 것일지 모릅니다. 하지만 손으로 쓰는 글은 컴퓨터 자판을 두드리는 것과는 달리 특별한 맛이 있지요.

 특히 상대방에게 마음을 전하고 싶을 때는 손으로 쓴 것과 활자로 출력한 것이 주는 메시지의 힘이 완전히 다릅니다. 감사를 전하는 경우나 사죄를 하는 경우, 부탁을 하는 경우에도 손으로 직접 쓴 글은 뭔가 전해지는 것이 있습니다.

요즘은 생산자의 얼굴 사진을 용기(포장지)에 인쇄해 넣은 농산물이 인기가 높습니다. 만든 사람의 '얼굴이 보이므로' '정성을 다해 만들었다'는 마음이 전해져 소비자가 안심하고 사는 것입니다.

손으로 쓴 글씨도 마찬가지라는 생각이 들지 않나요? 글씨를 통해 쓴 사람의 얼굴이 읽는 사람에게 보이고, 그래서 마음이 전해진다고 생각합니다.

글씨 쓰기를 싫어하는 사람이 적지 않습니다. 그러나 아름다운 글씨는 누구든지 쓸 수 있다고 저는 생각합니다. 글씨를 잘 쓰고 못 쓰고는 있겠지요. 누구나 쓰기 교본 같은 글씨를 쓸 수는 없으니까요.

하지만 '상대방을 생각하며 마음을 담아 정성스럽게 쓰는 것'은 누구나 할 수 있습니다. 한 글자 한 글자 정성스럽게 쓴 글은 비록 서툴러도 아름다움이 느껴지고, 받는 사람에게 반드시 뭔가 전해지는 것이 있습니다.

그리고 가능하면 먹墨을 사용하면 좋습니다. '그건 정말 싫다'는 사람들이 많다는 것을 알고 있습니다. 그럼에도 불구하고 붓펜이라도 좋으니 먹으로 쓰라고 권합니다. 저는 많은 분들의 편지를 받는데, 그 중에 먹으로 쓴 것이 섞여 있으면 그 편지를 먼저 읽습니다. 눈길이 가고 마음이 끌리기 때문입니다.

선승의 글씨를 '묵적墨跡'이라고 합니다. 글씨를 쓴 사람이 스승이라면 그분의 업적과 인격이 '먹墨'의 '흔적跡'에 나타나 있다고 생각하기 때문입니다. 스승의 모습과 인격이 있는 그대로 드러나는 것이 묵적인 것입니다.

스승이 돌아가신 후에도 묵적 앞에서 기도를 하면 그 존재를 느낄 수 있습니다. '곁에 계시는 것과 같이'라는 말도 있듯이, 저와 같은 선승은 바로 거기에 계시는 것처럼 묵적과 접하고 있습니다.

먹으로 쓴 글에서는 한층 더 확실히 그 사람의 존재가, 그 사람의 인물됨이 보입니다. 정말 중요하다고 생각될 때, 어떻게 해서라도 마음을 전하고 싶을 때는 먹 글씨가 주는 강한 메시지의 힘을 활용해 보세요.

항상 존중하는 마음으로 대한다

⋯⋯⋯⋯

누구에게나 사회적인 입장과 지위가 있습니다. 그것을 인정하는 일이 필요하지만 때로는 '착각'할 수도 있으므로 조심해야 합니다.

이런 경우가 있습니다. 상대방이 단골 거래처인 경우에는 성의를 다해 대하며 말투에도 배려하는 마음이 보이는데, 상대가 하청업자라면 태도가 거만해지거나 불손해지기도 합니다.

입장에 따라 대하는 태도가 바뀌는 것이지요. 같은 조직 안에서도 상사한테는 아첨하고 부하는 업신여기는 일이 있을지도 모릅니다. 그러한 것을 정당화하는 논리는 '입장을 인정하니까'라는 것입니다.

그러나 그것은 잘못된 일입니다. 입장을 인정한다는 것은 그런 것이 아닙니다. 그것은 입장에 구속되어 있고 좌지우지되고 있는 것으로, 착각 이외에 아무것도 아닙니다.

'일체중생 실유불성一切衆生 悉有佛性.'

이 세상에 있는 모든 것에는 불성이라는 부처의 생명이 머물고 있다는 뜻으로, 이것이 불교의 근본 사상입니다.

누구든지 소중한 부처님의 생명을 받아 살아 있는 것입니다. 입장이나 지위는 순식간에 바뀝니다. 예를 들어 대기업의 부장입네 임원입네 해도 정리해고 당하면 눈 깜짝할 순간에 '평범한 사람'이 되는 것입니다.

입장이나 지위는 결국 그 정도로 약하고 덧없는 겉치레에 지나지 않습니다. 그런 것에 묶여 있는 것은 한없이 어리석고 외로운 삶이라고 생각하는데, 여러분의 생각은 어떤가요?

한편, 우리가 부처님의 생명을 받고 있다는 것은 상황이 어떻게 바뀌어도 영원히 변함없는 것입니다. 세상에는 여러 가지 역할이 있으므로 어떤 역할을 하고 있는지는 사람마다 제각각입니다. 하지만 모두가 평등하게 부처님의 생명을 받은 존재입니다. 그것을 알고 있다면 착각은 하지 않겠지요?

손윗사람 앞에서
예의를 지킨다

·········

'의식이 풍족해야 예절을 안다'는 말이 있습니다. 중국의 고전 『관자管子』에 나오는 말로, 생활에 여유가 있어야 예의나 절도를 분별하게 된다는 뜻입니다.

경기 침체가 오랫동안 계속되고 있다 해도 오늘날 입을 것과 먹을 것이 부족하지는 않습니다. 레스토랑이나 일반 가정, 그리고 식품산업에서 나오는 음식물 쓰레기가 연간 약 1,940만 톤에 이르고 있습니다. 그만큼 음식을 낭비하고 있고 과식의 시대는 변함없이 계속되고 있습니다.

그렇다면 누구나 예절을 알고 있어야 마땅한데 실제로는 어떤가요? 말하는 것 하나를 봐도, 손윗사람에게 예의를 다하고 있다고는 말하기 어렵지 않을까요?

기독교를 일본에 전파한 성 프란치스코 하비에르는 일본인에 대한 인상을 이렇게 기록하고 있습니다.

"일본인은 신중하고 재능이 있고 지식이 왕성하고 도리에 순종하고 뛰어난 소질이 있다. 도둑질의 악습을 미워한다."

당시의 일본은 국민 모두가 예절을 존중하는 나라였음을 엿볼 수 있습니다. 일찍이 예절은 미덕이었습니다. 그런 특성이 풍전등화 상태가 되어버린 것은 아닐까요?

가정과 학교, 사회의 교육력이 저하된 문제도 있습니다. 그러나 그냥 내버려두고 있으면 아무것도 바뀌지 않습니다. 여러분부터 미덕을 되찾는 노력을 해보면 어떨까요?

손윗사람은 연륜을 거듭한 인생의 선배로서 존경심을 가지고 대해야 합니다. 그렇게 어려운 일은 아닐 것입니다. 그것은 틀림없이 아름다운 사람이 되는 길입니다.

직접 이야기한다

·········

요즘 가장 많이 사용되는 커뮤니케이션 수단은 휴대전화 문자와 메일입니다. 특히 젊은 세대는 그것으로 생활하고 있다고 해도 과언이 아닐 것입니다.

시간이나 상대방의 사정에 관계없이 수신하고 송신할 수 있는 문자와 메일은 확실히 편리하고, 저도 쓰고 있습니다. 일상의 연락 사항, 배려에 대한 감사, 안부 인사 등을 상대방이 어디에 있든 곧바로 전달할 수 있고 소소한 배려를 발휘할 수 있는 것이 문자와 메일입니다.

하지만 문자와 메일은 어디까지나 수단이라는 것을 인식해야 합니다.

예를 들면 뭔가 실례를 범해서 상대방에게 사과해야 하는 경우, '실례했습니다. 죄송합니다'라고 문자나 메일을 보내면 그것으로 사과하는 마음이 전해질까요? 사과를 받아야 할 입장에서 생각해 보면 알 수 있을 것입니다.

'표정도 보이지 않고 목소리도 들리지 않는 상태에서 일방적인 사과를 하면서 납득을 하란 말인가. 본인이 사과했으니까, 라고 자기만족을 하고 싶은 것뿐이잖아. 이래서는 화가 풀리지 않아.'

도구를 통해서는 성의가 전해지지 않습니다. '면수面授'라는 선어가 있습니다. 소중한 가르침은 스승과 제자가 직접 얼굴을 마주 보는 가운데 전수될 수 있다는 뜻으로, 도겐 선사는 이 태도를 매우 소중히 생각하여 그것을 엄하게 지켜야 한다고 가르치고 있습니다.

일상생활에서도 얼굴을 대면하는 것이 중요한 경우가 있습니다. 사과 이외에도 감사나 의뢰, 상담 등…… 얼굴을 마주 보며 마음을 전하고 정중하게 고개를 숙이면 그 표정이나 목소리의 어조, 몸가짐으로부터 성의가 전해지는 것입니다. 직접 찾아가지 못하는 경우에는 전화라도 괜찮습니다. 특히 상대방이 바빠서 만나기 힘든 경우에는 전화로 직접 말을 해서 성의를 전하는 것이 좋습니다.

사과와 감사는 빨리 할수록 성의가 전해집니다. 빠른 시간 안에 찾아가지 못할 때 '죄송합니다. 재차 인사드리러 찾아가겠습니다'라고 문자로 전하거나, 찾아갈 날과 시간을 미리 문자로 조정하는 것은 괜찮다고 생각합니다. 또 만났을 때나 전화 통화 때 전하지 못했던 것들을 문자로 보충하는 것은 괜찮습니다. 즉 문자로만 끝내려는 것인지 그렇지 않은지, 여기에서 인간됨의 '차이'가 나타나는 것입니다.

요즘은 회사 내에서도 문자와 메일로 소통하는 경우가 많은 것 같습니다. 같은 층에 있고 바로 저기 얼굴이 보여 목소리로도 전할 수 있는데 굳이 메일로 용건을 주고받는 사람이 많다고 들었습니다. 물론 많은 사람에게 연락 사항을 동시에 전하려면 메일이 매우 편리하고 기록으로 남길 수 있다는 장점도 있습니다.

그런데 그 흐름의 연장으로 짧은 상담이나 보고까지 메일을 이용하는 것에 대해 저는 의문을 느낍니다. 윗사람에게 올리는 보고와 건의 사항, 부하에게 내리는 주의와 지시, 의견을 구하는 상담 같은 것들은 직접 말로 해야 합니다. 문자나 메일로는 서로의 미묘한 감정과 뉘앙스가 전해지지 않습니다. 사회에서 일을 한다는 것은 '사람'과의 교류이므로 사람과 사람의 커뮤니케이션을 소중히 여겨야 합니다. 특히 '말하기 어려운 것'일수록 문자나 메일을 사용하기 쉽지만, 그럴수록 직접 말하여 서로의 이해를 깊게 해야 합니다. 직접 말하는 것은 힘들지도 모릅니다. 그러나 굳이 함으로써 신뢰감은 높아집니다.

감사함을 느끼는 즉시 표현한다

가장 기분 좋게 와 닿는 말을 꼽는다면 '고맙습니다'가 첫째가 아닐까요? '고맙습니다'라는 말을 듣고 기분이 나쁠 사람은 없을 것이며, 듣는 사람은 마음이 따뜻해질 것입니다. 그 말의 가치를 되새기며 자주 쓰면 좋겠습니다.

감사의 말을 전하는 원칙이 있습니다. '느낄 때 곧바로 전한다'는 것입니다. 때를 놓치면 모처럼의 마음이 퇴색됩니다. "저…… 지난주에는 감사했습니다." "지난주…… 아, 그 일! 뭐 이제 와서 감사를…… 괜찮아요……."

이런 식으로 감사가 '무용지물'이 되는 것은 무엇보다 때가 좋지 않아서입니다. 그 자리에서 감사의 마음을 전하면 상대방도 "도움이 되어 다행이에요. 또 용건이 있으면 언제든지 말씀해 주세요"라고 했을 것이고, 감사의 마음을 확실히 받아들였을 것입니다.

잘 생각해 보면 사람들은 의외로 '고맙습니다'라고 말해야 할 때 잘 안 한다는 인상을 받습니다. 예를 들어 외국의 레스토랑에서는 요리가 나오면 거의 모든 사람이 "고맙습니다Thank you"라고 말합니다.

이제부터는 '고맙습니다'라는 말을 아끼지 마세요. 이것은 아름다운 사람이 되기 위한 뛰어난 제안이라고 생각합니다.(자화자찬입니다만……)

레스토랑에서 서비스를 받으면 자연스럽게 '고맙습니다'라고 말할 수 있는 사람은 '느낌이 좋다'고 생각되지 않을까요? 레스토랑에서만이 아닙니다. 엘리베이터에서 내릴 때 옆으로 비켜 주는 사람이나 전화를 전해 주는 사람에게, 호텔에서 체크아웃할 때, 택시에서 내릴 때 자연스럽게 '고맙습니다'라고 말할 수 있다면 여러분에게 쏟아지는 시선은 지금까지보다 훨씬 상냥하고 따뜻해질 것입니다.

편지로 마음을 전한다

....

친구나 알고 지내는 사람 혹은 일과 관계된 사람에게 선물을 받을 때가 있습니다. '감사는 타이밍'이므로 직접 만나 전할 수 없어도 곧바로 전화나 문자로 고마움을 표시하는 것은 이미 '상식'이지요. 감사의 말 한마디에 상대방도 '잘 도착했구나'라고 확인하게 됩니다.

앞에서 '감사는 직접 만나서 전한다'라고 했지만 수많은 일들에 직접 감사 인사를 하려면 때를 놓칠 수 있으므로 일단 문자를 활용합니다. 그러나 선물을 받은 경우에는 편지로 감사의 마음을 전해야 합니다.

답례를 보낼 경우에는 물건을 고르는 시간이 필요한데,

받았을 때 바로 감사하다는 한마디를 전달했다면 그 정도의 시간이 걸리는 것은 괜찮습니다. 답례를 할 때는 편지 한 장을 곁들이는 것이 좋습니다. 거기에서 자그마한 배려가 느껴지고, 정성스럽게 마음을 담아 쓴 글씨에서 받은 사람이 기뻐하며 웃는 얼굴이 전해지는 것입니다. 실제로 편지를 써서 인사를 전하는 사람에게는 호감도가 높아집니다.

편지에는 상투적인 감사의 말을 늘어놓지 말고, 받은 선물에 대해 언급하는 것이 마음을 전하는 포인트입니다. 예를 들어 지방의 귀한 특산품을 받았다면 '누구랑 먹었는지', '어떻게 먹었는지', '그 지방의 인상' 등 받은 것에 대한 감상을 솔직하게 적습니다. 그러면 상대방은 내가 어떤 마음으로 선물을 받았는지 그 모습까지 생생하게 상상할 수 있을 것입니다.

그렇게 한다면 '정말로 기뻐했구나. 선물을 잘 했네!'라고 느낄 것입니다. 그럴 때 비로소 '감사가 전해졌다'고 말할 수 있습니다. 계절과 관련된 것을 받은 경우에는 '한발

앞서 봄이 오는 것을 느낍니다', '올 여름 무더위도 잘 넘길 수 있을 것 같습니다', '맛있는 가을을 잘 받았습니다', '세심한 배려에 추위가 누그러진 느낌입니다' 등과 같은 글귀를 담으면 좋을 것입니다. 상대방의 마음을 잡아 인간관계를 깊고 풍부하게 하는 힘. 감사에는 그런 신기한 힘이 있습니다.

마음이 드러나는 대접

·········

　대접하는 마음은 아름다운 정신문화의 '정수精髓'라고 해도 좋을 것입니다. 식사나 차를 대접하는 것을 넘어 그 시간과 공간 모든 것에 손님을 위해 마음을 다하는 일. 이것이 대접입니다.

　꽃을 장식하는 것에 대해서는 앞에서 언급했지만, 손님이 계절을 느낄 수 있도록 꽃을 선택하는 일도 대접하는 마음의 표현입니다. 대접하는 상대가 결혼을 앞둔 행복에 찬 여성 친구라면 현관에 앵초를 장식하면 멋스러울 것 같습니다. 앵초의 꽃말이 '오래 지속되는 사랑', '영원히 행복하세요'이므로 대접하는 마음을 잘 표현할 수 있습니다.

그리고 '요즘 그녀가 왠지 힘들어 보인다. 어떻게든 격려해 주고 싶다'는 마음으로 대접을 하는 경우에는 수국(건강한 여성)이나 백일홍(끝없는 우정)을 장식하는 것이 좋을 것입니다. 장식하는 꽃 하나에도 마음을 담는 것. 이것도 소중한 대접입니다.

하지만 '수수께끼' 같은 것은 하지 않는 것이 대접의 법칙입니다. 현관에 들어선 친구에게 "있잖아, 이건 앵초야. 꽃말은 '오래 지속되는 사랑'. 언제까지나 행복한 결혼생활 하라고 이걸 장식했어."

이렇게 직접적으로 말하는 것은 멋이 없습니다. 마음을 일부러 드러내지 않는 조신함도 대접하는 사람의 마음가짐입니다.

대접을 받는 사람이 현관에서 앵초를 봅니다. 그것으로 상대의 마음을 헤아려 '고맙다'고 하면서 미소를 띠고, 대접하는 사람은 '알아줘서 기뻐'라는 마음으로 간단한 인사를 건넵니다. 이처럼 무언 속에서 이루어지는 커뮤니케이션이 대접의 진면목입니다.

그런 주고받음은 서로의 마음의 깊이를 알게 합니다. 즉 인간으로서의 역량을 알 수 있는 것이지요. 이것이 선에서 얘기하는 '이심전심以心傳心'의 세계입니다. 말로 하지 않아도 전하고 싶은 것이 전달되는 세계, 선은 그러한 세계를 매우 중요하게 생각합니다.

'불립문자 교외별전不立文字 教外別傳'이라는 선어가 있습니다. '진리와 깨달음은 글자로 이루어질 수 없으며, 불경을 많이 읽는다고 진리와 깨달음에 도달할 수 있는 것은 아니다'라는 뜻입니다. 정말 소중한 것, 가슴속 깊은 곳의 진실된 마음은 절대로 말로는 전해지지 않는다는 것이지요.

'역시 선의 세계는 복잡해.'

이런 인상을 가질지도 모르지만 그렇게 복잡하지 않습니다. 친한 사람이 말로 설명하지 않아도 그 마음이 여러분에게 전해진 경험이 있을 것입니다. 또 아무 말 하지 않아도 상대가 내 마음을 받아들인다고 느낀 적이 있을 것입니다. '이심전심'의 세계는 손 닿지 않는 곳에 있는 것이 아닙니다.

    대접의 궁극적인 모습은 그 이심전심의 세계에 있습니다. 이것을 가슴에 담고 잊지 말아 주세요. 그러면 틀림없이 '아름답게' 대접하는 사람이 될 수 있습니다.

그릇에 어울리는 요리

·········

서양 요리와 일본 요리의 큰 차이는 사용하는 그릇 종류의 많고 적음에 있습니다.

서양 요리에서는 전채나 수프 등 요리에 따라 조금씩 다르지만 대부분 비슷한 접시를 사용합니다. 이에 비해서 일본 요리는 요리마다 그릇의 크기와 모양이 다릅니다.

가이세키 요리懷石料理는 선승이 배고픔을 견디기 위해 품에 따뜻한 돌을 안은 것에서 그 이름이 유래했는데, 원래는 다과회 때 주인이 손님을 대접하기 위해 내놓는 간단한 요리를 말합니다.

가이세키 요리에서는 밥, 회, 무침, 조림, 구이, 국물 요리, 술과 안주, 따뜻한 차, 채소절임 등이 순서대로 나오는데, 같은 그릇을 쓰지 않습니다. 각각의 그릇에는 그것에 어울리는 요리가 예쁘게 담겨 있지요.

그릇과 요리의 크기와 색의 조화를 생각해서 그릇이 요리를, 또한 요리가 그릇을 돋보이게 하는 배려가 담겨 있습니다. 단순히 요리를 맛보는 것뿐 아니라 그릇과 요리가 조화된 식사 대접이 되는 것입니다.

물론 가이세키 요리 수준의 그릇들을 준비하는 것은 불가능하지만 그 '마음'을 살릴 수는 있지 않을까요? 식사 대접을 할 때 고기와 생선, 무침 요리를 그냥 손에 잡히는 그릇에 담을 것이 아니라 조금만 더 생각해서 고기는 움푹한 나무 그릇에, 생선은 파란색 접시에, 무침은 수수한 색의 작은 주발에 담는다면 분위기가 크게 달라집니다.

싼 것이라도 괜찮습니다. 대접을 받는 사람은 '소중하게 대접받는 자신'을 느끼게 되고 그 섬세한 배려를 마음에 깊게 새깁니다. '이런 면이 있었구나. 고마운 걸……' 하면서 말입니다.

일본 요리는 '재료'에도 대접의 비밀이 있습니다. 제철 재료를 70(60)%, 철이 지난 재료를 15(20)%, 햇재료(이제 제철을 맞이하는 재료)를 15(20)%의 비율로 사용합니다. 이렇게 철이 다른 세 종류의 요리를 준비하는 것이 최고의 대접이라고 합니다.

이것은 과거, 현재, 미래라는 시간의 흐름을 의식한 것입니다. 식사하는 시간은 정해져 있습니다. '비록 한정된 시간이지만 과거에서 미래로 흘러가는 영원한 시간이 여기에 있습니다. 편하게 즐겨 주세요'라는 마음이 재료 선택에 담겨 있는 것입니다.

이러한 대접의 배경에는 '일기일회一期一會'라고 하는, 선과 깊은 연관이 있는 다도의 사상이 있습니다.

'지금 당신과 함께하는 이 시간은 다시는 돌아오지 않을, 단 한 번의 소중한 만남입니다. 그래서 온 마음을 다해 대접합니다.'

이것이 일기일회입니다.

식사를 대접하는 상대는 언제든지 볼 수 있는 사람일 수도 있습니다. 그러나 'O월 O일 누구누구를 어떻게 대접했다'고 하는 그 시간은 절대로 돌아오지 않습니다. '오늘은 조금 피곤하니까 적당히 하자' 하는 마음으로 대접을 한다면 소중한 시간은 '적당히' 흘러가버립니다.

언제든지 일기일회의 마음으로 임한다는 자세만 있으면 그 대접은 반드시 상대방의 마음에 스며들 것입니다.

계절에 맞게 그릇을 쓴다

 자연과 조화롭게 사는 것은 현명한 지혜, 아름다운 문화라고 생각합니다. 뚜렷이 구별된 사계절의 흐름 속에서 사람들은 그때그때의 자연과 조화를 이루고, 그것을 즐기며 살아왔습니다.

 계절에 맞게 옷을 갈아입는 것은 물론이고 봄에는 만개한 벚꽃을 사랑하고, 여름이면 처마 끝에 풍경을 매달고 창문에는 대나무 발을 내걸고, 가을에는 눈에 스며드는 단풍을 바라보며 사각사각 낙엽을 밟으며, 겨울에는 모닥불로 몸을 녹입니다. 이 모든 것이 자연과 조화를 이루어 자연을 즐기는 모습입니다.

요리를 담는 그릇에도 계절의 느낌을 담을 수 있습니다. 그릇의 무늬와 소재에서도 봄에는 매화나 벚꽃, 여름에는 시원스러운 수국이나 물방울 무늬, 가을에는 가을 화초나 단풍 무늬, 겨울에는 온기를 느낄 수 있는 소박한 도자기……, 이런 식으로 구분하여 사용하면 식사의 즐거움을 느낄 수 있습니다.

이 아름다운 문화를 생활에 도입하면 어떨까요? 계절마다 그릇을 바꾸기는 어렵겠지만, 한두 개쯤 계절감이 있는 그릇을 준비하는 것은 가능하지 않을까요?

예를 들어 에도키리코江戸切子나 사쓰마키리코薩摩切子(일본의 전통 유리공예-옮긴이)의 유리잔이나 작은 주발을 준비합니다. 전통적인 장인의 기술이 살아 있는 그릇으로, 가격은 조금 비싸지만 시원한 풍치는 여름의 더위를 날려버리기에 충분합니다.

작은 그릇은 사용 범위가 넓고, 유리잔은 차가운 차를 마시는 용도뿐만 아니라 소면이나 소바를 먹는 종지로 사용해도 좋고 스틱 샐러드를 꽂아도 멋이 있습니다. 더위

먹는 것을 방지하기 위해 붉은 산앵두 열매를 넣어두면 거기서 훌륭한 센스를 느낄 수 있습니다. 누군가에게 식사를 대접할 때는 그 소중한 유리 그릇이 대접하는 마음을 한껏 드러내 줍니다.

"유리 그릇에 먹으니까 시원함을 만끽하는 것 같아."

이런 말은 편안하고 느긋해진 상대가 자신이 느낀 감사의 기분을 드러내는 것입니다.

그냥 차? 그래도 차!

....

 질문을 하나 하겠습니다. 여러분은 차를 끓이는 의미에 대해 생각해 본 적이 있나요?

 '그런 건 생각해 본 적 없다'는 대답이 대부분일 것입니다. 차란 포트의 물을 찻주전자急須에 붓고 찻잔에 따르는 것일 뿐이라고 생각하겠지요? 그 중에는 페트병에 담긴 차를 전자레인지로 따뜻하게 데우면 그걸로 끝, 이런 간단파도 있을 것입니다.

 차성茶聖이라고 불린 센노리큐千利久(1522~1591년)는 이런 말을 남겼습니다.

 "다도란 그냥 물을 끓여 차를 넣어 마시는 것일 뿐임을 알아야 한다."

'거 봐, 그렇지 뭐!'라고 할지 모르지만 이 말에는 깊은 의미가 담겨 있습니다.

고작 물을 끓여서 마시기만 하면 되는 것이지만 이것이 결코 쉽지 않습니다. 그래도 차인 것입니다. 단지 물을 끓인다고 해서 주전자에 물을 붓고 화로에 올려 놓는 것이 전부가 아닙니다.

'단지'의 의미는 '한결같이'입니다. 물을 끓이는 것에, 단지 그것에 한결같이 몰두한다는 의미입니다. 찻주전자에 찻잎을 넣는 것도, 찻주전자에서 찻잔으로 따르는 것도 한결같이 열심히 한다는 것입니다.

그렇게 하면 하나하나에 마음이 담깁니다. 끓이는 물의 양은 얼마나 할까, 찻잎은 어느 정도 넣는 것이 좋을까, 어느 정도 기다려야 할까, 찻잔에는 얼마큼 물을 부어야 할까……. 어느 것 하나라도 건성으로 할 수 없습니다.

그렇게 해서 끓인 차는 향이 확 퍼지고 온도도 적당하여 정말 맛있게 마실 수 있습니다. 차에 담긴 마음은 마시는 사람에게도 전달됩니다. '맛있는 차를 드리고 싶다'는 그 마음이 전해지는 것이지요.

　차를 끓이는 것은 너무나 일상적인 일이기 때문에 무심코 아무 생각 없이 하기 쉽습니다. 그렇기 때문에 '단지'를 철저히 하는 것이 중요합니다. 맛있는 차를 끓여 주세요!

다도에서 배우는 몸가짐

'흐르는 듯한 움직임'은 몸가짐의 아름다움을 표현하는 말입니다. 다도의 '솜씨', 즉 '예의범절'이 바로 그것입니다. 하나하나의 움직임에 전혀 헛된 일이 없고 막히는 것도 없습니다.

화로에 걸려 있는 차솥에서 더운물을 떠내어 찻잔을 헹구고, 적당히 따뜻해졌을 때 가루차를 넣습니다. 거기에 더운물을 붓고 찻솔로 저어 손님께 대접합니다. 이 모든 동작이 완만한 강의 흐름처럼 막힘이 없는 것입니다.

현재까지 이어지는 다도를 완성한 사람은 센노리큐로, 그 세계는 '와비사비侘び寂び'라는 말로 표현됩니다. 와비사

비란 무엇일까요?

여분의 것, 불필요한 것을 완전히 버리는 것. 저는 이렇게 받아들입니다.

완전히 버렸을 때 자연스러운 모습, 있는 그대로의 모습이 나타납니다. 다도의 예절은 '완전히 버렸으므로 쓸데없음이 없고 자연스러우므로 막히지 않는다'라는 것입니다. 아름다움의 이유도 여기에 있다고 생각합니다.

그것은 모든 몸가짐에도 해당됩니다. 예를 들어 소중한 사람과 만날 때 '조금이라도 좋게 보이고 싶다'는 마음이 들 때가 있지요. 그래서 평소와 달리 잘난 체하는 행동을 해보기도 하는데, 그 결과는 어떨까요? 어색해져서 예상도 못한 실패를 경험하게 되지 않을까요?

'멋있게……'라는 쓸데없는 생각이 들어가 있기 때문에 자연스러운 몸가짐이 되지 못하고, 움직임이 어색해지는 것입니다. 몸가짐과 마음은 하나라는 것을 다시 한 번 떠올려 주세요.

선에 '있어야 할 것이 있어야 하는 곳에, 있어야 하는 듯이 있다'는 말이 있습니다. 이것이 자연스러움입니다. 언제나 있는 그대로의 모습으로 있는 것. 자기다운 진정한 아름다움을 빛내 줄 방법은 그것뿐입니다.

휴대전화에 의지하지 않는다

현대인의 필수품들 중 순위를 매긴다면 틀림없이 휴대전화가 1순위겠지요? 그만큼 휴대전화는 생활 속에 밀착되어 있습니다. 거리에서도 통화를 하면서 걷는 사람들이 눈에 자주 띕니다. 통화에 열중하느라 다른 사람과 부딪혀도 '미안합니다'라고 사과하지 않는 사람도 많습니다.

그 중에 정말 필요한 통화는 얼마나 될까요? 아마 30% 정도가 아닐까 싶습니다. 70%는 정말 급하지도 않은 불필요한 통화로 자기 시간을 낭비하는 것입니다.

게다가 혼잡한 가운데 통화를 하다 보면 필연적으로 목소리가 커집니다. 많은 사람들 속에서 여성이 "뭐? 뭐라고? 잘 안 들려~"라고 소리를 지르는 모습은 주변 사람들에게 폐가 될 뿐 아니라 눈살이 찌푸려집니다. 적어도 장소를 구별하는 룰을 마음속에 갖고 있으면 사람으로서의 '인격'은 지킬 수 있지 않을까요?

사람과 사람의 연결성을 착각하게 하는 것도 휴대전화의 모순점인 것 같습니다. 주소록에 등록된 인원이 많다는 것을 자랑스럽게 말하는 사람이 있습니다. '나에게는 이렇게 많은 친구가 있다'는 것일 테지만 그 중 확실한 유대감으로 연결되어 있는 사람이 몇이나 될까요? 심심해서 거는 상대, 걸려 왔으니까 그냥 잡담하는 상대, 대부분이 그런 관계라면 인간관계가 너무나 외롭다고 생각되지 않나요?

편리하다는 '공功'을 부정할 생각은 없지만 휴대전화에는 인간관계를 희박하게 하는 '허물罪'도 있습니다. 그것을 염두에 두고 공을 잘 사용하는 것이 휴대전화를 잘 쓰는 포인트입니다.

작가 와타나베 준이치渡邊淳一는 자신의 책 『세상을 보는

법, 느끼는 법ものの見かた感じかた』에서 이렇게 말했습니다.

'한 통의 편지에는 열 통의 전화를 이기는 상냥함이 있다.'

휴대전화에 의지하여 커뮤니케이션을 하고 있는 현대인들을 향한 경종일지도 모릅니다.

컴퓨터 정리법

....

 회사에서나 집에서나 자신의 책상 주변에는 '개성'이 드러납니다. 많은 자료를 사용하는 프로젝트를 진행 중일 때도 책상이 깔끔하게 정돈되어 있는 사람이 있습니다. 한편, 지금 쓰고 있는 자료뿐 아니라 벌써 끝난 일과 관련된 자료들이 책상에 산더미처럼 쌓여 있는 사람도 있습니다.

 '어느 쪽이든 일하는 능력과는 상관없다.'

 일단 그렇다고 인정하더라도 '효율' 면에서는 어떨까요? 거기서 명확하게 차이가 납니다. 책상이 깨끗하게 정돈되어 있다면 필요한 자료나 서류를 쉽게 찾을 수 있습니다. 그러나 난잡하게 어질러져 있으면 '분명 이 밑에 뒀는데.

어, 이상하네. 없네. 어딨지……?'라며 찾아 헤매게 될 테지요. 그런 걸 찾는 데 걸리는 시간은 생각보다 깁니다. 효율성에서 보자면 승부가 나뉘는 것이지요.

컴퓨터의 바탕화면도 마찬가지입니다. 화면 전체가 아이콘으로 가득하면 필요한 파일을 찾을 때까지 시간이 걸립니다. 초조해하면서 아이콘의 작은 글씨를 일일이 확인하는 동안 일의 시작이 늦어지는 것은 당연하고요.

지금 참여하고 있는 프로젝트나 진행하는 일을 최우선 하는 방식으로 바탕화면을 정리하세요. 바탕화면에는 '현재'와 관련된 아이콘만 남겨 둡니다. 화면이 심플해지면 필요한 파일을 쉽게 열 수 있고, 해야 할 일을 확인하기도 수월합니다.

중요도에 따라 색깔을 달리하는 것도 좋은 방법입니다. 끝난 일들과 관련된 것, 즉 '과거'의 파일들은 정리하여 폴더로 이동시킵니다. 물론 과거의 자료나 데이터를 봐야 하는 경우도 있으므로, 찾기 쉽게 폴더 안에 월별로 분류하여 '한 달 전 것은 빨간색', '두 달 전 것은 파란색' 하는 식

으로 정리하면 좋습니다. 되도록 심플하게. 이것은 선적禪
的 삶의 키워드입니다.

싫은 사람을 대하는 몸가짐

·········

　사람과 사람 사이에는 성격상 잘 맞는 경우와 맞지 않는 경우가 있습니다. 특별한 이유는 없지만 '서로 마음이 맞는다' 혹은 '좀 거북하다'라고 느끼는 사람이 있습니다.

　그 사람과 함께 있으면 자연스럽게 행동할 수 없거나 솔직하게 마음을 표현할 수 없는 상태라면 '꽤 힘든' 경우가 되겠지요? 그러나 이 경우, 자신만 그런 것이 아닙니다. 상대방도 똑같은 느낌을 갖고 있을 것입니다. 상대방은 애써 호의를 보이는데, 이쪽에서는 싫은 감정뿐인 관계는 없다고 생각하니까요.

　미점응시美点凝視라는 말을 아시나요? 미점, 즉 장점이나 우수한 점만 응시한다는 말입니다. 사람은 누구나 장점도 있고 단점도 있습니다. 미점이 있으면 결점도 있습니다. 혹시 싫다고 느끼는 사람에 대해 단점과 결점만 보고 있는 것은 아닐까요? 그래서 우거지상이 되거나 '싫다'는 기분이 몸가짐에서도 보이는 것이지요. 말 그대로 시선을 바꾸어 미점을 보려고 하면 상황은 반드시 달라집니다.

'아, 이렇게 좋은 점이 있었구나.'

이런 발견을 하면 표정이 부드러워지고 몸가짐도 상대방을 받아들이려는 태도로 바뀝니다. 그로 인해 상대방이 바뀌는 것은 말할 필요도 없습니다. 본래 이유란 없습니다. 사소한 계기로 싫은 감정은 풀려 나갈 것입니다.

선어에 '견성성불見性成佛'이라는 말이 있습니다. 자신 안에 있는 불성佛性을 깨닫는다는 뜻인데, 그때까지 보려고 하지 않았던 상대방의 장점을 찾아 그때까지 받아들이기 힘들었던 상대방을 받아들인다는 것도 큰 깨달음입니다. 그것은 인간으로서 한 단계 도약하는 것으로, 당신 속의 '싫어하는 그 사람'도 다른 모습으로 보일 것입니다.

지하철에서 지켜야 할 에티켓

'눈에 거슬리는 몸가짐'을 예로 들자니 지하철 안에서 화장을 하거나 뭔가를 먹는 장면이 떠오릅니다. 그 모습이 주변 사람들에게 주는 인상은 이렇습니다.

"아침에 식사도 화장도 못할 정도로 잤구나. 시간 관리가 형편없군. 도대체 사람들 앞에서 화장하는 것을 창피하다고 생각하지 않다니! 거울을 보는 당사자는 안 보이겠지만 그 모습을 옆에서 보는 사람한테는 '자기밖에 모르는 얼굴 두꺼운 인간', '화장하고 있는 얼굴은 꼴불견'일 뿐인데."

여성으로서의 평가는 뚝 떨어집니다. 지하철 안은 공공

장소입니다. 모두가 양보하면서 그 장소를 불쾌하게 만들지 않는 최소한의 룰을 지켜야 합니다. 그런 몸가짐은 불쾌감을 유발한다는 인식이 필요합니다.

하지만 당사자들에게 변명거리가 없는 것은 아닙니다. "누구한테도 민폐 끼치는 거 아니잖아"라는 말이 그것입니다. 남성이 다리를 쩍 벌려 두 사람 자리를 차지하고 앉는 것은 민폐지만 한 사람 자리에 앉아서 뭘 하든 자유잖아, 라는 것이지요.

그럼 이렇게 생각해 보세요. 여러분이 동경하는 사람, 매력적이라고 느끼는 사람이 지하철 안에서 유유히 거울을 꺼내 화장을 시작한다면, 게다가 화장 후에 햄버거를 먹는다면 동경이나 매력이나 아름다움은 변하지 않을까요? 보통은 환멸감을 느낄 것입니다. 단 한순간에 동경과 매력이 날아가고 아름다움은 땅에 떨어지는 몸가짐입니다. 그래도 민폐를 끼치지 않으니까 괜찮다고 정색하며 말할 수 있을까요?

그 몸가짐이 아름다운지 아닌지를 자기 속에서 판단하

면 됩니다. 장황하게 이야기를 늘어놓는 사람에게 엉겁결에 혀를 차고 싶을 때, 양손에 짐을 들고 있어 발로 문을 닫으려고 할 때 '이게 아름다울까?' 자문해 보세요. 핑계는 필요 없습니다. 자문했을 때 대답이 '노No'라면 '안 한다'라고 정하면 됩니다.

고령자를 대하는 법

⋰⋯⋰

 남녀노소가 '함께 사는 것', 세상은 그런 것입니다. 함께 살아가기 위해 서로서로가 자신을 돌아봐야 합니다. 그러나 요즘은 이런 것들을 잊고 있습니다. 대중교통에서 나이 든 분이 앞에 서 있어도 모르는 척하며 문자를 보내거나 책을 읽고 있거나 자는 척하려고 하는 젊은이들이 있습니다. 천천히 걸을 수밖에 없는 고령자가 앞에 있으면 노골적으로 싫은 표정을 짓거나 밀어내면서 앞으로 나아가는 젊은이도 있습니다. 어딘가 일그러진 모습이라고 생각되지 않으세요?

 이런 말을 알고 있나요?

'아이를 꾸짖지 마라. 지나온 길이다. 늙음을 비웃지 마라. 가야 할 길이다.'

지금은 젊어도 언젠가는 나이를 먹고 고령자가 됩니다. 누구나 그 필연을 피해 갈 수 없습니다. '언젠가 나에게 닥치게 될' 모습이 거기에 있는 것입니다.

'한고추閑古錐'라는 선어가 있습니다. '고추古錐'는 오래 써서 끝이 둥글어진 송곳을 말합니다. 끝이 둥글어진 송곳은 끝이 날카로운 송곳처럼 쉽게 구멍을 낼 수는 없지만, 여러 가지 많은 일을 해 왔다는 것을 느끼게 해 주는 끝과 검게 윤이 나는 몸통에서는 뭐라고 말할 수 없는 온화하고 안정된 품격이 느껴진다는 의미입니다.

고령자는 이 고추와 같은 존재가 아닐까요? 고령자를 존경하고 소중하게 생각하는 것은 젊은 세대가 가져야 할 당연한 마음가짐입니다. 하지만 이런 의견도 있을 것입니다.

"자리를 양보하려고 해도 '난 그런 나이가 아니다'라고 하는 분이 계신데……."

실제로 나이가 들어도 건강한 분이 있습니다. 그런 분에게는 그 말이 달갑잖은 친절일지도 모릅니다. 여기서 요구되는 것이 배려입니다.

"앉으시겠습니까?", "여기 어떠세요?"라는 표현으로 상대방이 판단하도록 합니다. 그럼 상대방의 자존심을 손상시킬 걱정은 없겠지요?

어떤 경우라도 그 자리의 분위기는 훈훈해지겠지요. 고령자를 존경하고 소중하게 생각하는 젊은 세대의 마음가짐과, 받아들이든 거절하든 고맙게 여기는 고령자의 마음가짐이 잘 맞물리니까요.

쓰레기를 무심코 버리지 않는다

거리에서나 도로에서 언제나 깨끗하게 청소가 되어 있는 곳은 신기하게도 더러워지는 법이 없습니다. 그런데 쓰레기 등이 어질러져 있는 곳은 계속해서 쓰레기가 버려지고 쓰레기장처럼 변해버립니다. 듣고 보니 '그렇군!' 하고 공감하는 사람이 많을 것입니다.

쓰레기가 하나도 보이지 않으면 '여기다 버리면 안 된다'라는 마음이 들지만, 하나라도 있으면 '괜찮겠지~'라고 생각하는 것이 인간의 미묘한 심리입니다. 내가 버린 쓰레기가 다른 쓰레기를 불러들인다고 생각하면 곧 무책임하게 쓰레기를 버리는 것에 '금지령을 내리자'는 마음이 들지 않을까요?

이야기를 좀 더 진행해 봅시다.

호텔이나 레스토랑 혹은 백화점 등에서 화장실을 이용할 때, 세면대 주변에 물이 튀어 있는 것을 보고 '아, 이렇게 물 범벅이라니. 하마터면 옷이 젖을 뻔했네'라고 생각한 적이 없나요?

대부분의 세면대에는 손을 씻을 때의 물이 사방에 튄 채로 남아 있습니다. 많은 사람이 이용하는 장소니까 물방울이 계속해서 세면대를 적시는 것입니다.

그러나 여러분이 손을 닦은 후 사용한 종이 타월로 물방울을 닦으면 어떠할까요? 그 후 물방울이 묻어 있지 않은 깨끗한 세면대를 쓴 사람은 본인이 튀긴 물방울을 그대로 둘까요?

'아, 내가 적셔버렸네. 여기는 스스로 닦아야 해.'

이렇게 생각하지 않을까요?

그렇게 되지 않는다고 해도 누군가는 주변에 물이 하나도 튀지 않은 세면대를 쓰면서 기분이 좋을 것입니다. 불과 몇 초면 세면대 주변을 닦을 수 있습니다. 그것이 다음에 화장실을 사용하는, 알지 못하는 누군가를 기분 좋고 행복하게 합니다. 그런 몸가짐, 좋지 않은가요?

담배는 보이지 않는 해로움

최근 크게 달라진 것이 흡연자의 환경입니다. 예전에는 비행기, 기차 등 교통시설이나 호텔, 레스토랑 등 많은 사람이 이용하는 장소에서도 대부분 자유롭게 담배를 피웠습니다. 그런데 지금은 어떤가요? 비행기는 전면적으로 금연, 기차역도 금연, 신칸센도 대부분 금연, 여러 시설도 금연 아니면 장소를 제한하는 식으로 흡연자에게는 가혹한 환경이 되어버렸습니다.

흡연자의 불만과 상관없이 그렇게 된 것은 담배를 피우지 않는 사람에게 담배는 민폐의 극치이기 때문입니다. 간접흡연의 폐해가 지적되고 있지만, 그 이전에 담배를 싫어

하는 사람에게는 그 냄새가 견딜 수 없는 것입니다. 예를 들어 식사할 때도, 같은 공간에서 누군가가 담배를 피우면 자리가 떨어져 있어도 금방 알게 됩니다. 그래서 식사 때의 입맛과 즐거움이 크게 손상됩니다.

불교에 '망기이타忘己利他'라는 말이 있습니다. 덴교 대사傳教大師 사이초最澄(767~822년, 일본 불교에 천태종을 확립한 승려-옮긴이) 스님의 말씀으로, '자기를 잊고 남을 이롭게 하는 것이 자비의 극치다'라는 뜻입니다. 즉 자신의 일은 뒤로하고 타인의 일을 먼저 생각하며 기쁜 일을 하는 것이 부처님의 길에 맞는 삶이라는 것입니다.

담배를 싫어할 권리가 있는 만큼 동시에 흡연권도 있다는 것은 인정받아 마땅합니다. 연기나 냄새가 남에게 닿지 않는 환경이라면 마음껏 담배 연기를 즐겨도 괜찮습니다. 그러나 주변에 피해를 입는 사람이 있을 가능성이 있는 장소에서는 '한 모금 피우고 싶다'는 자기 마음을 일단 제쳐두고 먼저 남을 배려하는 자세가 바람직하지 않을까요?

오스카 와일드는 '담배는 완전한 즐거움의 완전한 전형

이다'라고 말했습니다. 하지만 즐겁다고 해서 그 즐거움에 쉽게 몸을 바치는 경우와 남을 위해 꾹 참는 경우, 어느 쪽이 더 아름다운 삶인지도 생각해 볼 필요가 있지 않을까요?

제5장

몸가짐이 삶을 바꾼다

보자기를 사용한다

··········

보자기風呂敷라고 하면, 하지도 못할 것을 떠벌리는 이른바 호언장담의 의미로 '허풍을 떤다'는 표현을 떠올리는 사람이 많을 것입니다. 그러나 보자기는 오랜 역사에서 살아남은 전통문화입니다.

그 기원은 나라 시대까지 거슬러 올라가 쇼소인正倉院에 무악舞樂의 의상을 싸는 옷감이 소장되어 있습니다. 그것이 보자기의 원형으로 애초에는 고로모쓰쓰미衣包, 히라쓰쓰미平包로 불렸는데, 무로마치 시대 중기, 선사禪寺에서 승려가 입욕 시 이 옷감으로 옷을 싸두고 입욕 후 옷감 위에서 착의를 정돈한 것에서 보자기라는 이름이 생겼다고 합니다. 이것이 무로마치 시대 말기에 영주에게 확대되고, 에도 시대 들어 목욕탕이 보급됨으로써 서민들도 같은 방법으로 사용하게 되면서 일상생활 속에 정착되었다고 전해집니다.

요즘은 모든 것을 가방에 넣어 들고 다니는 시대이지만 보자기가 갖고 있는, 싸는 기능은 달리 유례를 찾을 수 없을 정도로 우수합니다. 접으면 가슴팍이나 포켓에 들어갈 정도로 작아지고, 펼치면 상당한 크기와 양의 물건까지 쌀 수 있습니다. 게다가 물건의 형태와 상관없이 변환이 자유롭습니다. '물은 그릇에 따라 둥글어지기도 하고 네모나지기도 한다'는 말이 있습니다. 그릇이 사각형이든 원형이든 물은 자유자재로 형태를 바꾸어 거기에 담긴다는 뜻인데, 네모지거나 원형인 그릇을 감싸는 것이 보자기입니다.

여러분도 신세를 진 사람에게 선물을 들고 가는 일이 있을 것입니다. 그때 봉투에서 버스럭거리며 물건을 꺼내는 것이 일반적일 테지만 꼭 한번 보자기를 써 보세요. 정중하게 물건을 싼 보자기를 풀어 물건을 꺼내는 몸가짐은

'당신을 위해 마음을 담아 고른 선물을 이렇게 소중하게 가져왔습니다'라는 무언의 메시지로, 감사와 함께 전통의 향기가 감도는 품위가 전해집니다.

여기서 하나 제안하자면, 와인은 그 자체로 멋진 선물이지만 병을 예쁜 보자기로 포장해서 선물하는 것은 어떨까요?

수건을 사용한다

....

보자기와 함께 부활시키고 싶은 것이 수건手拭い입니다. 수건은 원래 불상 등을 청소하는 신성한 도구로 쓰여 신에게 제사 지낼 때의 장신구였다고 합니다. 지금도 각 지역의 제사에서는 독특하게 수건으로 머리를 동여매거나 머리띠를 두릅니다. 기세 좋게 오미코시御神輿(신체나 신위를 모신 가마-옮긴이)를 메는 사람에게 수건 머리띠는 빠뜨릴 수 없는 것입니다.

수건이 손수건이나 타월과 다른 점은 사용하기 편리하다는 것입니다. 용도는 다양하여 손을 닦거나 몸을 닦는 것은 물론, 청소할 때 머리에 쓰면 먼지를 피할 수 있고,

추울 때 목에 두르면 머플러를 대신합니다. 화장을 하거나 머리카락을 정돈할 때 어깨에 걸치면 옷에 얼룩이 묻지도 않고, 일을 하거나 공부할 때 수건을 비틀어 머리에 동여매면 정신자세도 가다듬을 수 있습니다.

지금은 일본 음식점에 노렌暖簾(가게나 건물의 출입구에 쳐놓는 발-옮긴이)이 걸려 있는데, 이것도 원래 수건에서 발전한 것으로 에도 시대에 스시 가게 등에서 스시를 집은 손가락을 수건으로 닦는 습관에서 유래했습니다.

짚신이나 나막신의 끈이 끊어지면 수건으로 묶을 수도 있고, 에도 시대 사람들은 평상복의 어깨에 수건을 걸쳐 세련된 멋을 내기도 했습니다. 이렇게 보면 수건 사용법에는 일본인의 신앙심이나 생활의 지혜, 장난기 등이 짙게 반영되어 있음을 알 수 있습니다.

주변에 수건이 있다는 것은 그러한 일본 문화와 함께 살고 있는 것이라고 할 수 있습니다. 수건이라고 하면 '너무 고풍스럽다(촌스럽다)'고 느낄지도 모르지만 그것은 잘못된 생각입니다.

디자인과 색채가 현대적이고 세련된 수건이 많이 등장하고 있고, 백화점이나 대형 슈퍼마켓에도 수건 코너가 마련되어 있습니다. 스카프로 쓸 수 있을 만한 물건을 얼마든지 발견할 수 있답니다. 다시 생각해 볼 가치가 충분히 있습니다!

나무젓가락이
최고의 대접인 이유

∵………∵

나무젓가락도 대접하는 마음이 형태로 드러난 경우라고 할 수 있습니다. 식사를 대접할 손님에게 누구도 쓰지 않은 새로운 젓가락을 준비한다는 것에 나무젓가락의 의미가 있습니다.

나무젓가락이 중간까지 나뉘어 있는 것은 수고를 덜기 위해서이며, 손님이 마지막을 가르게 하여 그것이 '사용하지 않은' '청결한' 것임을 자연스럽게 전하기 위함입니다.

여기에서도 '말하지 않아도 통하는 마음'이 있습니다. 그냥 앞에 놓여 있는 나무젓가락으로 '당신을 위해 새 젓가락을 준비했습니다', '그 배려 감사합니다'라는 소통이 이루어집니다.

나무젓가락은 에도와 오사카, 교토 등 대도시에서 서민이 음식점을 이용하게 된 에도 시대 중기부터 사용되었는데, 가장 많이 사용한 곳은 장어 가게였다고 합니다.

나무젓가락은 한번 쓰면 버리는 것으로, 삼림자원에 미치는 영향이나 소각 처분할 때의 이산화탄소 문제 등이 거론됩니다. 그러한 문제를 무시할 수는 없지만, 원래는 나무를 베어낼 때 나오는 자투리나 간벌재를 어떻게든 사용하자는 '아끼는 정신'에서 만들어진 것입니다. 그것이 청결한 것을 좋아하는 가치관, 젓가락 하나까지 배려하여 상대를 대접하고자 하는 마음과 일치하여 문화로 정착된 것입니다.

이처럼 나무젓가락이 생긴 과정을 알게 되면 'ㅇㅇ식당'이라고 박혀 있는, 젓가락이나 비닐봉지에 들어 있는 편의점 나무젓가락 등은 대접할 때 삼가야겠다는 마음이 들 것입니다.

달을 사랑한다

......

 일본인들은 예로부터 '달'을 즐기고 사랑해 왔습니다. 건물을 지을 때 달을 보기 위해 쓰키미다이月見台를 설치하거나 추석의 보름달이 보이는 위치에 창문을 만드는 등 달을 즐기기 위한 여러 가지 아이디어를 발휘해 왔습니다.

 널리 알려진 것은 아시카가 요시마사足利義政(1436~1490년)가 지은, 교토에 있는 긴카쿠지銀閣寺의 고게쓰다이向月台입니다. 하얀 모래를 후지산과 같은 형태로 만든 고게쓰다이와 그 옆에 물결처럼 깔려 있는 흰 모래로 만든 긴샤단銀沙灘은 달을 즐기기 위한 조형물들 중 최고 걸작이라고 해도 과언이 아닙니다. 지금은 돌아가신 오카모토 타로岡本太

郎(1911~1987년, 일본의 전위미술가-옮긴이)는 처음 고게쓰다이를 봤을 때의 감동을 '내가 발견한 가장 큰 기쁨 중 하나'(『일본의 전통』)라고 했습니다.

선에서는 달을 '진리'와 동일시하는 경향이 있습니다. '천강동일월千江同一月'이라는 선어가 있는데 각기 다른 강의 수면에 같은 하나의 달이 비치고 있다, 즉 혼탁한 수면이건 맑게 갠 수면이건 차별 없이 달이 비추고 있다(진리가 나타나 있다)는 것을 의미합니다.

아무 차별 없이 누구의 생명이든 평등하고 소중하게 생각한다는 선의 마음. 때로는 달을 보면서, 그것을 마음껏 즐기고 사랑한 이들의 마음에서 진리를 본 선의 정신을 생각해 보면 어떨까요?

한 달의 첫날은 '쓰이다치ついたち'로 일본 한자로 '삭일朔日'입니다. 그 어원은 '달이 선다月立ち'는 것으로, 달이 나타난다는 의미입니다. 달이 차고 기우는 것으로 월일을 세는 음력에서는 새로운 달이 나타나는 날을 그 달의 첫날로 삼습니다. 달은 우리 생활과 깊은 인연을 맺고 있었습니다.

'어, 오늘 밤엔 보름달이 뜨겠네! 빨리 집으로 가서 베란다에서 달을 봐야지.'

바쁜 생활 속에서 이런 시간을 갖는다면 마음이 편안해지겠지요? 여러분도 한번 시도해 보면 어떨까요?

가족과의 시간을 소중히 여긴다

사람은 결코 혼자 살 수 없다는 것을 누구나 알고 누구나 사람과의 관계 속에서 살고 있습니다. 그 최소 단위는 가족입니다. 선어에 '로露'라는 말이 있는데, 모든 것이 드러나고 어디에도 감추는 것이 없는 상태를 가리킵니다. 저는 이것이 가족관계의 기본이라고 생각합니다.

자신을 요란하게 꾸미거나 대단하게 보여 주거나 혹은 필요 이상으로 낮추거나 아첨할 필요가 없습니다. 세상의 여러 만남에서 가끔은 그런 모습도 필요하지만, 그런 자신이 아닌 있는 그대로의 솔직한 마음으로 마주 보는 곳이 가족 아닐까요? 그러나 요즘, 가족이 눈에 띄게 무너지고 있습니다.

 지금이야말로 가족과의 시간을 소중히 보낼 것을 제안합니다. 평소에는 스쳐 지나가더라도 일주일에 한 번은 가족 모두가 식탁에 모이는 시간을 가지면 어떨까요? 가족이 모두 모여 함께 식사를 하면 대화는 저절로 생겨납니다. 아무렇지도 않은 대화, 철없는 대화라도 '아, 그런 일을 하고 있구나' 하며 그때그때 서로의 모습을 보게 될 것입니다. 그것은 사람과 연결되어 있는 자신을 확인하는 것이고 사람이 살아가는 '원점'으로 되돌아오는 일이라고 말할 수 있습니다. 거기서부터 가족의 인연을 피부로 느끼고, 그것을 확고히 해 가는 것은 소중한 일입니다.

 동일본 대지진으로 깨닫게 된 인연의 아름다움. 이것이 일본 방방곡곡까지 퍼질지는 우선 한 사람, 한 사람이 가족과의 인연을 되찾는 노력을 하는 것에 달려 있다고 생각합니다.

 저는 3대가 함께 사는 것이 이상적인 가족이라고 생각합니다. 예전에 일본에서는 조부모, 부모, 자식 3대의 공동생활이 당연한 것이었습니다. 부모가 일하며 가계를 지탱하고 은퇴한 조부모가 손자를 돌보았습니다.

그런 가족관계 속에서 손자들은 그때그때 조부모로부터 옛날이야기를 들으면서 그 지방에 전해 내려오는 놀이를 배우고 사람으로서의 행동을 배웠습니다. 평범한 생활 속에서 자연스럽게 각 지역의 전통과 풍습, 집안의 가풍, 집안의 역사, 삶의 기본 등이 세대를 관통해 전해져 왔던 것이지요.

장유유서나 타인에 대한 배려, 겸손함 같은 선조로부터 이어받은 미덕은 일부러 가르치려고 하지 않아도 성장 과정에서 몸에 배어 왔다고 할 수 있습니다.

그런데 지금은 핵가족이 점점 가속화되어 3세대는 고사하고 2세대 가족도 많지 않습니다. 수도권에 인구가, 특히 젊은 세대가 집중되어 있는 것, 그와 관련해서 주택 문제가 심각한 지경에 이르고 있지만, 대대로 전해지는 가족 '구조'를 쉽게 놓아버리는 것은 매우 안타까운 일이라고 생각합니다.

3세대가(아니면 2세대라도) 가까운 곳에 살거나 만나는 시간을 늘리는 등 지금 당장이라도 할 수 있는 일이 있을 것입니다.

선의 본질은 '실천'입니다. 여러분이 할 수 있는 일부터 해 보세요.

쇼핑의 비법

여러분은 쇼핑할 때 넉넉히 시간을 들여 살지 말지를 결정하는 편인가요, 아니면 즉석에서 판단하는 편인가요? 지금처럼 물건이 넘치는 시대에는 일단 사고, 마음에 들지 않으면 다른 것을 사면 된다고 생각하는 사람이 많을지도 모릅니다.

그러나 그렇게 산 물건은 아무렇게나 쓰게 됩니다. 관리도 잘 안 해서 '어, 어디다 뒀지? 괜찮아. 비싼 것도 아닌데 뭘. 다시 사면 되지……' 이렇게 되지 않을까요?

물론 소모품이나 일상 생활용품은 1,000원 숍에서 사는 것도 괜찮다고 생각합니다. 하지만 물건과의 관계가 그런 것뿐이라면 조금은 적적할 것 같습니다.

가격이 비싸더라도 마음이 가는 것, 애착이 가는 것이 있으면 인생이 풍부해집니다. 너무 갖고 싶어서 돈을 모아 힘들게 산 만년필이라면 당연히 소중하게 쓸 것이고 쓰는 과정에서 점점 애착이 생길 것입니다. 도겐 선사는 '타기他己'라는 말을 썼는데 물건他과 자신己이 일체라고 생각하게 된다는 뜻입니다.

물건은 그냥 있는 것이 아니라 삶에 밀착되어 있습니다.

'그에게 처음으로 편지를 쓸 때도, 2년 후 혼인신고서를 쓸 때도 이 만년필을 사용했지. 모자보건수첩의 이 글자는 기쁜 마음으로 밝은 블루 잉크로 썼지……'

이렇게 만년필을 보면 살아오면서 인상적이었던 순간이 생생하게 떠오릅니다. 물건이 삶과 밀착되어 같이 걸어가고 있다는 느낌이 들지 않나요? 물건이 생생하게 삶을 장식해 주다니, 왠지 감정이 풍부해지는 것 같지 않나요? 1,000원 숍을 잘 활용하는 것도 좋지만 이런 변화를 주는 것도 좋겠지요?

재활용은 다른 생명을
불어넣는 것

다도에는 '미타테見立て'라는 사고방식이 있습니다. 하나의 물건이 망가지거나 오래 사용해서 닳고 작아지면, 그것을 다른 용도로 사용한다는 의미입니다. 즉 '재활용'이지만 단순히 물건을 소중히 쓴다거나 낭비하지 않는다는 것만이 아니라 물건에 다른 생명을 불어넣고 끝까지 살려낸다는 의미가 미타테에 담겨 있는 것입니다.

제가 주지를 맡고 있는 요코하마의 겐코지建功寺에는 대나무숲이 있습니다. 대나무는 솎아내는 작업이 필요한데, 대나무의 생명이 그대로 끝나버리는 것은 아닙니다. 저는 그것을 작은 꽃병으로 쓰거나 섣달 그믐날 밤 불을 밝힐 때

촛대로 사용하기도 합니다. 대지에 뿌리를 내리는 대나무로서의 생명은 없어져도 꽃병으로, 촛대로 새로운 생명이 깃들어 계속 살아가는 것이지요.

마지막에는 구워서 죽탄(대나무 마디숯)을 만들어 방에 장식하거나 시주로 바치거나 모닥불을 피워 몸을 녹입니다. 그리고 불에 타고 남은 재는 대지로 돌아가 새로운 대나무를 키워냅니다.

겐코지의 대나무는 이렇게 형태를 바꾸면서 영원한 생명을 계속해서 살아가고 있습니다.

미타테를 의식하면 물건과의 관계가 크게 달라집니다. '모양도 디자인도 이미 낡았다'며 옷장 안쪽에 처박아 두었던 스카프도 '잠깐, 어떻게 살려 볼 수 있지 않을까?' 하고 궁리해 보면 여러 가지 방법이 떠오릅니다.

쓰고 있던 북 커버에 붙이면 자신만의 북 커버가 완성되고, 조금 손을 보면 티슈박스의 커버가 되고, 런천 매트로도, 사진틀의 가장자리 장식으로도 활용할 수 있습니다. 살리는 방법은 얼마든지 있습니다. '어떻게 할까?' 생각하는 것도 즐거운 작업이 될 것이 틀림없습니다.

주변에 있는 물건을 미타테 하여 다시 생명을 불어넣어 주세요.

낭비를 없애고 잘 버리는 비법

⋯⋯⋯

앞에서 미타테에 대해 말했지만, 현대인의 생활은 먼저 무엇을 미타테 하면 좋을지 당황스러울 정도로 많은 물건에 둘러싸여 있습니다. 우리 집에는 쓸데없는 물건이 하나도 없다고 말하는 사람은 아무도 없을 것입니다. 그러므로 가능한 한 쓸모없음을 줄여 가는 것, 즉 버리는 것도 필요합니다.

그런데 그것이 쉽지 않습니다. '버리지 못하는 증후군'이라는 말이 있을 정도로 어디선가 반드시 물건에 대한 집착을 보이는 것이 인간인 것 같습니다. 일정한 자기 자신의 내적 규칙을 만드는 것, 이것이 잘 버리는 비법입니다.

예를 들면 '3년간 한 번도 안 쓴 물건, 3년간 한 번도 안 입은 옷은 버린다'와 같은 룰을 정합니다. 지금까지의 경험을 떠올려 보세요. 3년간 쓰지 않았던 것을 다시 쓴 적이 있나요? 3년간 입지 않았던 옷을 다시 입은 적이 있나요? 대답은 '노No'일 것입니다.

그렇다면 그것들은 여러분의 생활공간을 쓸데없이 차지하고 있을 뿐입니다.

'버리는 방법'은 여러 가지가 있습니다. 쓸 사람, 입을 사람이 있으면 주는 것도 그 중 하나입니다. 의류 등을 모아 필요한 나라나 지역에 보내는 자원봉사단체 등에 기부하는 방법도 있습니다. 프리마켓에 내놓는 것도 좋은 방법이지요.

쓸데없는 것이 없어지면 생활공간이 넓어져 쾌적해집니다. 물건을 버리는 것은 집착을 버리는 것이므로 마음도 가벼워질 것입니다. 그리고 버릴 때는 소중한 것(필요한 것)과 불필요한 것을 추려내는 일이 불가결합니다. 그 결과, 소중한 것(필요한 것)만 남을 것이고 그것을 소중하게 다룰 것입니다. 버림으로써 물건을 소중히 하는 생활이 자연스럽게 실현되는 것입니다. 도겐 선사는 '버리지 않으면 새로운 것이 들어오지 않는다'고 했습니다. 놓아서(버려서) 가득 차는 것은 생활의 아름다움입니다.

문화를 느낀다

아름다운 사람이 되고 또 아름답게 살아가기 위해 문화를 느끼는 일은 필요 불가결하다고 생각합니다.

지금까지 말한 것들 모두가 문화를 느끼는 것과 연결되어 있습니다. 문화만큼 마음을 누그러뜨리고, 위로를 주고, 온화하게 해 주는 것은 없습니다.

그 중에서 '선의 정원'은 으뜸인 것 같습니다. 돌의 배치와 하얀 모래만으로 구성된 정원은 한없이 간소하지만 깊이와 넓이를 느끼게 합니다. 그래서 마냥 보고 있어도 질리지 않습니다.

선의 정원 앞에 서면 누구나 그 영원처럼 맑은 고요함에

감동을 받습니다.

고요함을 만들어내는 것은 '여백'입니다.

교토의 선사 료안지의 가레산스이는 세계문화유산으로 등록될 정도로 유명한 정원이지만, 놓여 있는 돌은 불과 열다섯 개뿐입니다. 그리고 전면에 빈틈없이 깔려 있는 하얀 모래와 아무것도 없는 공간, 즉 여백이 있습니다. 그 여백과 돌이 서로 어우러져 끝없는 고요와 영원한 정적을 자아내어, 보고 있는 동안 그 고요함이 마음에 스며드는 것이지요.

교토나 가마쿠라에 많은 선사가 있지만 굳이 그곳까지 가지 않아도 됩니다. 여러분이 사는 곳 가까이에도 틀림없이 선사가 있을 것입니다.

기회가 있을 때마다 찾아가 선의 정원 앞에 잠시 멈춰서 보는 것은 어떨까요?

살다 보면 일, 인간관계, 기타 여러 가지가 원인이 되어 마음이 술렁거리거나 거칠어집니다. 중요한 것은 그것들을 방치하지 않는 것입니다. 선의 정원이나, 서예나, 그림 혹은 다도 등에서 문화를 느끼면서 마음을 가라앉히세요.

그리고 고요한 마음으로 고민이나 방황을 깨끗이 버려 가는 것. 아름다운 삶은 그런 것이라고 생각합니다.

마치며

아름다움을 안다,
가진다,
활용한다

요즘 사람들의 몸가짐이 해마다 흐트러져 가고 있다고 느껴져 무척 걱정스럽습니다. 시대의 흐름 속에서 서구화에 따른 결과이겠지만, 그뿐만이 아니라 개개인의 권리가 많이 존중되었던 것이 요인인지 모릅니다.

권리 존중은 대단히 좋은 것이지만, 사람들의 상식과 자제력을 강하게 요구하기도 합니다. 행동에 권리를 내세워 남에게 민폐만 끼치지 않으면 뭘 해도 괜찮다는 의식이 현대 사회에 확대되어, 고유의 미덕이었던 얌전함이나 겸허

함이 급속도로 사라졌다고 생각합니다.

이런 현상은 젊은이뿐만 아니라 어른들에게까지 나타나기 시작했습니다. 예를 들면, 그런 흐트러진 몸가짐을 지하철 안에서 봤을 때 기분 좋게 느낄 사람은 한 명도 없을 것입니다. 오히려 눈길을 돌리고 싶어지겠지요. 젊은이라면 어쩔 수 없다 하더라도, 멋지게 차려입은 신사·숙녀의 행동이 흐트러져 있을 때 환멸감을 느끼는 것은 저뿐일까요?

주변 사람들을 기분 좋게 하는 몸가짐이 있는가 하면, 기분 나쁘게 하는 몸가짐도 있습니다. 그것은 작은 행동거지나 말투, 그리고 마음의 표현에서 생기는 것입니다.

이 책에서는 사람의 마음에서 배어 나오는 아름다운 몸가짐에 대해 정리해 봤습니다. 그러한 몸가짐을 체득한다면 누가 봐도 아름다운 사람이 될 것입니다.

흐트러진 몸가짐은 주변에서 봐도 결코 아름답지 않습니다. 아름다움이란 얼굴 생김새나 몸의 비율, 몸에 걸친 장식품만 가리키는 것이 아닙니다. 진정한 아름다움이란 인간의 내면에서 스며 나오는 것이며, 그 마음에 근거하여 몸가짐이 이루어지는 게 아닐까요?

그러한 것들을 쭉 생각하고 있었는데, 이번에 겐토샤幻冬舍의 소데야마袖山 씨로부터 집필 의뢰를 받았습니다. 독자 여러분이 이 책을 읽고 아름다운 몸가짐을 정돈하여 스스로 빛나고, 그에 따라 좋은 인연을 맺게 된다면…… 하는 마음으로 글을 써 내려갔습니다.

매일 할 수 있는 일부터 조금씩 실천하려고 신경 쓰면서 생활한다면 자신도 모르는 사이에 그것들이 자연스럽게 체득되어 있을 것입니다.

이 책을 언제나 가까운 곳에 두고 무슨 일이 있을 때마다 봐 주세요. 펼친 쪽을 그날의 행동 목표로 삼는 것도 좋은 방법일지 모릅니다.

그리고 문화의 아름다움과 배려 등에 대해서도 써 봤습니다. 오랫동안 쌓아 올린 문화는 말로 다 할 수 없을 만큼의 심원한 아름다움을 지니고 있습니다. 그런 역사와 마음의 근본에 눈을 돌린다면 지금의 흐트러진 몸가짐에 안타까움을 느낄 것입니다.

이 책을 통해 진정한 아름다움을 알고, 가지고, 활용하기 바랍니다. 아름다운 몸가짐을 체득하고자 하는 이들에게 도움이 된다면 더없이 기쁠 것입니다.

겐코지에서
마스노 슌묘枡野俊明 합장

KI신서 4679

삶의 품격을 두 배로 높이는
1日 몸가짐

1판 1쇄 발행 2013년 4월 26일
1판 2쇄 발행 2013년 6월 24일

지은이 마스노 슌묘 **옮긴이** 최수정
펴낸이 김영곤 **펴낸곳** (주)북이십일 21세기북스
부사장 임병주
해외콘텐츠개발팀장 김상수 **디자인 표지** 김인수 **본문** 모아
해외기획팀장 조동신 **해외기획팀** 정인화 송효진 장진희
마케팅영업본부장 이희영 **영업** 이경희 정경원 정병철
광고제휴 김현섭 우중민 강서영 **프로모션** 민안기 최혜령 이은혜
출판등록 2000년 5월 6일 제10-1965호
주소 (우 413-120) 경기도 파주시 회동길 201 (문발동)
대표전화 031-955-2100 **팩스** 031-955-2151
이메일 book21@book21.co.kr **홈페이지** www.book21.com
트위터 @21cbook **블로그** b.book21.com

ISBN 978-89-509-4336-3 13320
책값은 뒤표지에 있습니다.

이 책 내용의 일부 또는 전부를 재사용하려면 반드시 (주)북이십일의 동의를 얻어야 합니다.
잘못 만들어진 책은 구입하신 서점에서 교환해 드립니다.